传统文化

中国古都

中国传统民俗文化——建筑系列

赵芳◎编著

中国商业出版社

图书在版编目（CIP）数据

中国古都 / 赵芳编著．-- 北京：中国商业出版社，2015.6（2022.9 重印）
ISBN 978-7-5044-8620-2

Ⅰ．①中… Ⅱ．①赵… Ⅲ．①都城-介绍-中国-古代 Ⅳ．①K928.5

中国版本图书馆 CIP 数据核字（2015）第 120736 号

责任编辑：刘毕林

中国商业出版社出版发行
010-63180647 www.c-cbook.com
（100053 北京广安门内报国寺 1 号）
新华书店经销
三河市同力彩印有限公司印刷
*
710 毫米×1000 毫米 16 开 12.5 印张 200 千字
2015 年 6 月第 1 版 2022 年 9 月第 3 次印刷
定价：58.00 元
* * * *
（如有印装质量问题可更换）

《中国传统民俗文化》编委会

序　言

中国是举世闻名的文明古国，在漫长的历史发展过程中，勤劳智慧的中国人创造了丰富多彩、绚丽多姿的文化。这些经过锤炼和沉淀的古代传统文化，凝聚着华夏各族人民的性格、精神和智慧，是中华民族相互认同的标志和纽带，在人类文化的百花园中摇曳生姿，展现着自己独特的风采，对人类文化的多样性发展做出了巨大贡献。中国传统民俗文化内容广博，风格独特，深深地吸引着世界人民的眼光。

正因如此，我们必须按照中央的要求，加强文化建设。2006 年 5 月，时任浙江省委书记的习近平同志就已提出："文化通过传承为社会进步发挥基础作用，文化会促进或制约经济乃至整个社会的发展。"又说，"文化的力量最终可以转化为物质的力量，文化的软实力最终可以转化为经济的硬实力。"（《浙江文化研究工程成果文库总序》）2013 年他去山东考察时，再次强调：中华民族伟大复兴，需要以中华文化发展繁荣为条件。

正因如此，我们应该对中华民族文化进行广阔、全面的检视。我们应该唤醒我们民族的集体记忆，复兴我们民族的伟大精神，发展和繁荣中华民族的优秀文化，为我们民族在强国之路上阔步前行创设先决条件。实现民族文化的复兴，必须传承中华文化的优秀传统。现代的中国人，特别是年轻人，对传统文化十分感兴趣，蕴含感情。但当下也有人对具体典籍、历史事实不甚了解。比如，中国是书法大国，谈起书法，有些人或许只知道些书法大家如王羲之、柳公权等的名字，知道《兰亭集序》

是千古书法珍品，仅此而已。

再如，我们都知道中国是闻名于世的瓷器大国，中国的瓷器令西方人叹为观止，中国也因此获得了“瓷器之国”（英语 china 的另一义即为瓷器）的美誉。然而关于瓷器的由来、形制的演变、纹饰的演化、烧制等瓷器文化的内涵，就知之甚少了。中国还是武术大国，然而国人的武术知识，或许更多来源于一部部精彩的武侠影视作品，对于真正的武术文化，我们也难以窥其堂奥。我国还是崇尚玉文化的国度，我们的祖先发现了这种“温润而有光泽的美石”，并赋予了这种冰冷的自然物鲜活的生命力和文化性格，如“君子当温润如玉”，女子应“冰清玉洁”“守身如玉”；“玉有五德”，即“仁”“义”“智”“勇”“洁”；等等。今天，熟悉这些玉文化内涵的国人也为数不多了。

也许正有鉴于此，有忧于此，近年来，已有不少有志之士开始了复兴中国传统文化的努力之路，读经热开始风靡海峡两岸，不少孩童以至成人开始重拾经典，在故纸旧书中品味古人的智慧，发现古文化历久弥新的魅力。电视讲坛里一拨又一拨对古文化的讲述，也吸引着数以万计的人，重新审视古文化的价值。现在放在读者面前的这套“中国传统民俗文化”丛书，也是这一努力的又一体现。我们现在确实应注重研究成果的学术价值和应用价值，充分发挥其认识世界、传承文化、创新理论、资政育人的重要作用。

中国的传统文化内容博大，体系庞杂，该如何下手，如何呈现？这套丛书处理得可谓系统性强，别具匠心。编者分别按物质文化、制度文化、精神文化等方面来分门别类地进行组织编写，例如，在物质文化的层面，就有纺织与印染、中国古代酒具、中国古代农具、中国古代青铜器、中国古代钱币、中国古代木雕、中国古代建筑、中国古代砖瓦、中国古代玉器、中国古代陶器、中国古代漆器、中国古代桥梁等；在精神文化的层面，就有中国古代书法、中国古代绘画、中国古代音乐、中国古代艺术、中国古代篆刻、中国古代家训、中国古代戏曲、中国古代版画等；在制度文化的层面，就有中国古代科举、中国古代官制、中国古代教育、中国古代军队、中国古代法律等。

此外，在历史的发展长河中，中国各行各业还涌现出一大批杰出人物，至今闪耀着夺目的光辉，以启迪后人，示范来者。对此，这套丛书也给予了应有的重视，中国古代名将、中国古代名相、中国古代名帝、中国古代文人、中国古代高僧等，就是这方面的体现。

生活在21世纪的我们，或许对古人的生活颇感兴趣，他们的吃穿住用如何，如何过节，如何安排婚丧嫁娶，如何交通出行，孩子如何玩耍等，这些饶有兴趣的内容，这套“中国传统民俗文化”丛书都有所涉猎。如中国古代婚姻、中国古代丧葬、中国古代节日、中国古代民俗、中国古代礼仪、中国古代饮食、中国古代交通、中国古代家具、中国古代玩具等，这些书籍介绍的都是人们颇感兴趣、平时却无从知晓的内容。

在经济生活的层面，这套丛书安排了中国古代农业、中国古代经济、中国古代贸易、中国古代水利、中国古代赋税等内容，足以勾勒出古代人经济生活的主要内容，让今人得以窥见自己祖先的经济生活情状。

在物质遗存方面，这套丛书则选择了中国古镇、中国古代楼阁、中国古代寺庙、中国古代陵墓、中国古塔、中国古代战场、中国古村落、中国古代宫殿、中国古代城墙等内容。相信读罢这些书，喜欢中国古代物质遗存的读者，已经能掌握这一领域的大多数知识了。

除了上述内容外，其实还有很多难以归类却饶有兴趣的内容，如中国古代乞丐这样的社会史内容，也许有助于我们深入了解这些古代社会底层民众的真实生活情状，走出武侠小说家加诸他们身上的虚幻的丐帮色彩，还原他们的本来面目，加深我们对历史真实性的了解。继承和发扬中华民族几千年创造的优秀文化和民族精神是我们责无旁贷的历史责任。

不难看出，单就内容所涵盖的范围广度来说，有物质遗产，有非物质遗产，还有国粹。这套丛书无疑当得起“中国传统文化的百科全书”的美誉。这套丛书还邀约大批相关的专家、教授参与并指导了稿件的编写工作。应当指出的是，这套丛书在写作过程中，既钩稽、爬梳大量古代文化文献典籍，又参照近人与今人的研究成果，将宏观把握与微观考察相结合。在论述、阐释中，既注意重点突出，又着重于论证层次清晰，从多角度、多层面对文化现象与发展加以考察。这套丛书的出版，有助于我们走进古人的世界，了解他们的生活，去回望我们来时的路。学史使人明智，历史的回眸，有助于我们汲取古人的智慧，借历史的明灯，照亮未来的路，为我们中华民族的伟大崛起添砖加瓦。

是为序。

傅璇琮

2014 年 2 月 8 日

前　言

都城是一国政治、经济、文化的综合体，在一个朝代、一个政治区域内，它往往不仅仅是政治中心，还是经济、文化的中心，是当时最高文化水平的集中体现。因此，古代都城在人类社会发展史和各个历史时期的政治、经济、文化水平方面都占有重要的地位。

都城是历史的一面镜子。在这里，政治上发生过无数事件，经济上创造了先进的物质文明，同时也留下了光辉灿烂的文化，至今还可让我们感受到当时的影响。都城也是中外文化交流的中心，中原文化通过这里传播到边区与邻国，甚至影响全世界。都城留下的历史遗迹，成为人们缅怀历史、吸取教训、感慨先辈业迹、继承历史文化、增强民族自豪感的良好场所，是祖先遗留给我们的宝贵财富，也是发展当地旅游事业的重要因素。

综观中国古代的都城历史，有些由于优越的位置和独特的文化传统，虽不断被废弃，但又不断被后代政权所继承或重建，如西安、洛阳、邺城、开封、南京、北京等，这些都城历久弥新，成为不断更新再生的古都。但也有许多的都城随着当时政权的消亡或地质的变迁而湮没地下，成为一座座死城，直到被后世考古学家发现，从而再现一幕幕盛衰荣辱的历史。

除了北京、西安、洛阳、开封、南京、杭州、安阳这些大家耳熟能详的著名古都外，我国还有许多城市，历史上也曾做过某一个或几个王朝或某一地区政权的都城。此外，还有许多昔日繁华一时、声名赫赫的都城，早已沦为废墟，或化为农田，或湮没在荒草荆棘丛中。尽管如此，每个古都在各自的历史上都曾发挥过自己的作用，创造了灿烂的物质文明和精神文明。

在所有的古都中，北京、西安、洛阳、开封与南京被称为我国的“五大古都”；如果再加上杭州和安阳，则合称为我国的“七大古都”。从历史上看，都城建立在此七大古都上的历代王朝，所统治的地域最为广大，经历的年代最为悠久，产生的影响最为深远。除安阳的古都遗址（包括在今河南安阳市西北小屯村的殷墟和河北临漳县界的邺都遗址）早已被战火摧毁外，其余六大古都仍屹立在神州大地，经过多次重建，如今以崭新的面貌出现在世人面前。

让我们一起翻开绚丽多彩的历史画卷，共同探寻华夏古都的前世今生。

目录

第一章　古都——历史文明的缩影

第一节　古都概述 …… 2

古都的概念 …… 2

古都的内涵 …… 3

古都的现实意义 …… 6

第二节　曙光初现——古代早期的都城 …… 9

都城的诞生 …… 9

齐国都城——临淄 …… 10

鲁国都城——曲阜 …… 10

秦国都城——雍 …… 11

赵国都城——邯郸 …… 11

郑韩双都——新郑 …… 12

燕国都城——蓟 …… 12

楚国都城——郢 …… 13

吴国都城——吴 …… 14

第三节　首都之外的都城——陪都 …… 15

陪都的确立与影响 …… 16

古代都城与陪都的变迁 …… 17

第四节　古代都城的选址 …… 20
易守难攻的地势 …… 21
充足丰富的水源 …… 21
四通八达的交通 …… 22
发达的区域经济 …… 23
平坦开阔的原野 …… 23
秀丽宜人的景色 …… 24
第五节　古代都城的布局 …… 25
防御系统——城与郭布局 …… 26
神权天赐——宫殿和坛庙布局 …… 29
都市生活区——居民区和商业区布局 …… 30
纵横交错——街道与建筑物布局 …… 32
满城春色宫墙柳——绿化与苑囿布局 …… 33

第二章　黄河边的古都——西安

第一节　秦中自古帝王州 …… 36
最早的天府之国——西安 …… 36
西安古都说 …… 39
第二节　倒退时光看西安 …… 43
镐京——西周时期的西安 …… 43
文王作丰，武王治镐 …… 44
历史走向咸阳 …… 46
西汉长安城的繁华 …… 47
隋唐长安城的岁月 …… 54

第三章　江南古都——南京

第一节　金陵之地金陵气 …… 60
山川秀美的南京城 …… 60
历史风云中的南京城 …… 61
第二节　走进六朝古都 …… 64
古金陵的传说 …… 64
东吴都城金陵邑 …… 66
金陵古都的兴衰 …… 67
南唐江宁 …… 68
明代南京 …… 69

第四章　长城脚下的古都——北京

第一节　古都的岁月 …… 74
幽州古地 …… 74
辽代陪都南京城 …… 76
金中都的历史 …… 79
元大都的岁月 …… 80
第二节　明清北京城的故事 …… 85
明成祖迁都 …… 86
北京城命运的转折 …… 88
紫禁城的故事 …… 92

第五章　圣城神都——洛阳

第一节　九州腹地 …… 98
八关都邑的历史 …… 98
十三朝古都 …… 100
第二节　古都的辉煌岁月 …… 104
夏朝的斟郡 …… 104
偃师商城 …… 105
两周时期的洛邑 …… 107
汉魏洛阳 …… 109
隋唐陪都的岁月 …… 114

第六章　夷门自古帝王州——开封

第一节　厚重的古城文化 …… 120
古都盛景 …… 120
人类最早的发源地 …… 122
第二节　七朝古都的历史 …… 124
开封的悠悠岁月 …… 124
从战国魏都到五代的副都 …… 128
北宋都城——开封府 …… 132

第七章　水乡故都——杭州

第一节　吴越要区，人间天堂 …… 138
吴越要区 …… 138
人间天堂 …… 139
钱唐和余杭的传说 …… 140

第二节 最美丽的古都 …… 143
吴越建都前后的杭州城 …… 143
南宋都城——临安城 …… 147

第八章 洹水帝都——安阳与邺城

第一节 巍巍古都地 …… 151
安阳与邺城的变迁 …… 151
千古帝都发祥地 …… 152
第二节 从殷墟到邺城 …… 154
中原文明成熟的标志——商都殷 …… 155
从战国魏都到曹魏首都 …… 157
十六国时期的三朝故都 …… 162
东魏、北齐的都城——邺南城 …… 165

第九章 消失的古都

第一节 荒原古国——古格王国 …… 172
西藏西部文化中的耀眼明珠 …… 172
失落的古格都城 …… 174
第二节 东方庞贝——楼兰古城 …… 176
死亡之海中的古城 …… 177
古老的西域都市 …… 179
参考书目 …… 181

第一章

古都——历史文明的缩影

一个古都，一部历史。它是昔日社会状况的缩影，也是一轴长长的反映古代经济、科学、文化成就的绚丽画卷。都城的城市布局和宫殿、寺庙、街坊、园林、陵墓、雕塑，无不是古代中国人民勤劳智慧的结晶。汉唐的长安、洛阳，北宋的开封，南宋的临安，元代的北京，都是当时世界上人口最多、经济文化最发达、城市建筑最漂亮的城市之一。我国有如此众多、辉煌壮丽的古都，确实是值得我们引以自豪的。

第一节 古都概述

都城既是全国的政治中心，在多数情况下又是这个国家的经济中心和文化中心。因此，都城在国家政治生活中占有极其重要的地位。

古都的概念

都城，现代称首都，古代称都城、国都、京、京城、京师、京都等，是一个国家最高权力机关的所在地。

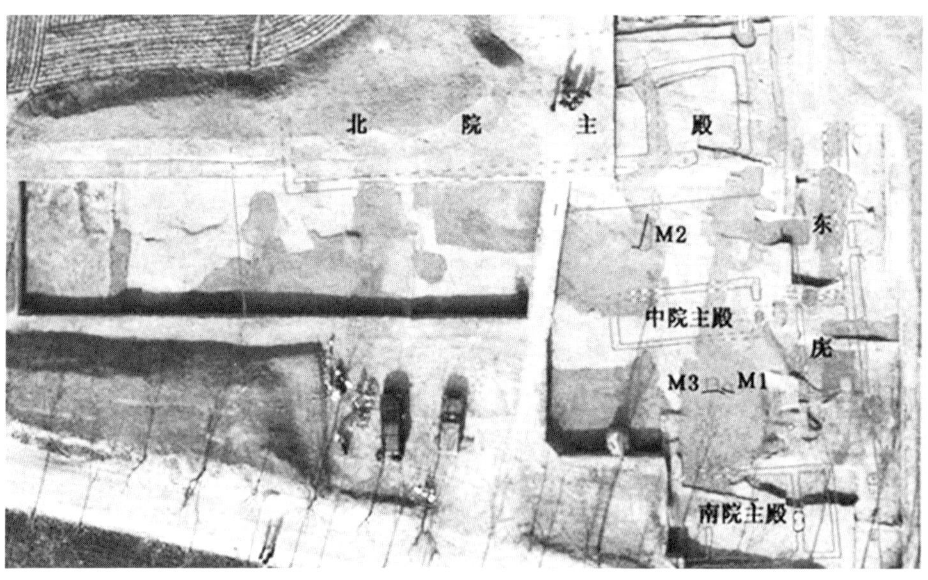

二里头宫室遗址示意图

古人对都城的解释是：都，皇帝居住和民众聚集的地方；京，意为大；师，意为众，所以皇帝所居、人口多的大城市，称为京师。还有一种解释：都，是宗庙所在的地方。我国历来崇拜祖先，皇帝居住的地方，必建祭祀祖先的宗庙，间接上也是指帝王居住地。现在都城的内涵已经发生了很大的变化，成为一个国家的最高行政机构所在地。

当公元前 21 世纪，黄河流域建立起我国第一个奴隶制王朝夏朝时，我国最早的都城就随之诞生了。传说夏王朝始都于阳城（今河南登封县东），后经过多次迁移，又在黄河中下游相继建立了几个都城。1983 年，考古工作者在河南偃师县二里头发现迄今所发现最早的宫室遗址，一般认为属于夏文化或部分属于夏文化，证明在夏代确实建造过城郭和宫殿。同年，在偃师县尸乡沟发现了商代的早期城市遗址，很可能是商朝开国君主成汤的都城——“西亳”，距今已有 3500 多年历史。这些都表明，我国古都历史是极为悠久的。

夏商以后，我国历史上经历过许多次统一时期和分裂时期。无论是统一时期还是分裂时期，都曾发生过频繁的政权更替。自秦朝以后，仅统一王朝便达 10 多个，王朝的更替常导致都城的变迁。分裂时期更不用说，大大小小国家遍地开花，这些国家虽小，但麻雀虽小五脏俱全，都有各自的都城。除此之外，因为我国疆域广大，在清统一以前，边疆地区的民族有时候还会建立起一些区域性政权，这些区域性政权（除了某些游牧民族建立的政权）一般也都有自己的都城。

古代都城包括首都和陪都两种，首都为中央政府所在地，陪都则是在首都之外另立的都城。如果将统一王朝的都城、分裂时期的都城、边疆民族政权的都城都计算在内，我国古都的数目是十分可观的。北魏郦道元（约 470—527 年）的《水经注》中，详细记载了上古以来到北魏时期的都城，大约有 180 个。此后直至清朝，王朝兴替，列国消长，又增加了许多古都。在我国广袤的国土上，从最西的新疆到东端的黑龙江，从北方的内蒙古到南部的广东，都有古都的存在。如果将所有古代的都城都标注在同一幅地图上，这幅地图一定会像夏夜的星空，令人目不暇接。

古都的内涵

都城是随着国家的形成而逐渐建立起来的，是一个国家的统治中心。西周、春秋时代，诸侯居住的地方称“国”，卿大夫居住的有宗庙的地方称

“都”，其他较大的聚落称“邑”，共同组成了多层次的城市网络结构，形成大城市依次统治中小城市、中小城市统治乡村聚落的体系，以此适应发展经济、完善统治、稳定社会的需要。国都是全国城市的最高层，位于金字塔形统治系统的顶端，一般都是当时的较大城市。中央集权国家形成以后，这种性质更加明显，政令由国都发出，逐级下达到地方政府，再由地方政府下达至广大辖区。

国都的建立，往往选择已经形成且地理条件相对优越的城市，很少有在空地上新建的，大都受多种综合因素的影响：

（1）地理位置适中，以方便对全国的控制。

（2）形势险要，易守难攻，有利于保证都城的安全。

（3）有良好的自然环境，气候优良，土地肥沃，水资源丰富，经济发达，能满足上层统治阶级及广大市民的生活需要和物质供应。

（4）交通便利，方便军事行动、人员往来或物资调动。古代以水路交通为主，所以国都多临近大河流或运河。

（5）具有悠久的历史传统及基础，所以古代都城大都选在统治者起家的地方，或者是前朝曾经建过都的城市。

都城形成以后，反过来又会影响经济、文化、交通的发展。例如，作为皇家所在之地，都城必然集中了全国的财富，同时聚集了大批手工业者、商人和文化精英，成为全国最繁荣的中心城市；为了完善首都的经济、文化与交通体系，政府必然会进一步发展都城通往全国各地的水陆交通；同时加速都城文化的发展，以满足各级统治机构对人才的需要，使都城成为各类文人学士的聚集地，从而逐渐形成文化中心。由于都城的自然环境和人文条件相对比较优越，加上历史的传统和基础，往往虽屡经战火破坏，但经过不断重建复兴，以至绵延千年而不绝。有的即使后来已经不再是首都了，但仍然不失为一方的重要城市。

都城的建立或移动，也会受到偶然因素或者其他各种综合因素的影响。例如，关中是周人、秦人的祖居地，以关中为基地的秦始皇统一全国，国都自然会选择关中。而北魏起源于拓跋鲜卑，从北方草原南下，初期就定都平城（今山西大同市）；女真族原来活动在东北大地，创立金朝后，前期都城在上京会宁府（今黑龙江哈尔滨东南阿城）。这两个少数民族统一中原后，疆域逐渐扩展到秦岭、淮河以北的大半个中国，偏隅一方的都城已不能适应形势扩大的需要，迁都就势在必行，所以就有魏孝文帝迁都洛阳、金海陵王南迁

燕京（今北京）之举。再如，明太祖朱元璋起兵淮南，以南方为根据地统一全国，同时又长期驻兵南京。南京原是六朝古都所在，又是长江以南的区域中心，经济发达，朱元璋当然首先考虑在此建都。后来，分封在北平的燕王朱棣取得了政权，而北平（后改称北京）既是前朝的首都，又是自己的封地，当时的主要外敌也在漠北，定都北平自然是最合理的选择。

我国有文字记载的历史长达几千年，政权的更迭、都城的变迁，是经常发生的现象。我国记载都城的历史很早，从北魏《洛阳伽蓝记》、唐朝《三辅黄图》到清代的《历代宅京记》，出现了不少这一类专著。还有一些专门描述都城的文章，著名的如东汉班固的《两都赋》，张衡的《西京赋》《东京赋》《南都赋》，晋左思的《三都赋》等。统一王朝、分裂政权、少数民族政权以及名义上属于朝廷实际上是半独立性质的地方政权，都有自己的统治中心。除了统一王朝外，大多数所谓都城，其实只能算作一个地区的区域中心。

要确定一个都城在历史上的影响与地位，一般来说有两个标准：一是历史悠久，定都时间长；二是统治地域广，政局稳定。这些全国性的都城，在历史上的发展方向一般为自西向东、向北发展，江南、江北各有都城，它与经济发展的地理趋势也是一致的。20 世纪 20 年代曾把西安、洛阳、北京、南京、开封并列为“五大古都”；30 年代加入杭州，称为“六大古都”；90 年代，又将安阳列为古都之一，成为“七大古都”。其中西安、洛阳、北京、开封是公认的全国性首都，它们都有几百年甚至上千年作为都城的历史。南京统治范围大都局限于南半个中国，只有明初三十多年、民国二十多年才作为全国的政治中心，之所以比较受重视，可能是受到其经济发达、建都时间长、加之历史上以南朝政权为正统的影响。安阳历史也很悠久，但附近的曹魏都城邺城，北周时

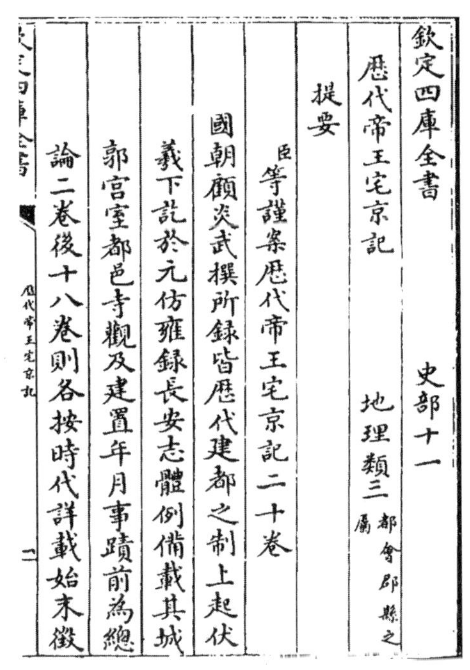

欽定四庫全書　　史部十一

歷代帝王宅京記　　地理類三 都會郡縣之屬

提要

臣等謹案歷代帝王宅京記二十卷

國朝顧炎武撰所録皆歷代建都之制上起伏

羲下訖於元仿雍録長安志體例備載其城

郭宮室都邑寺觀及建置年月事蹟前為總

論二卷後十八卷則各按時代詳載始末徵

欽定四庫全書　歷代帝王宅京記　二

《历代宅京记》内页

已经平毁，隋以后长期是一个县城，北宋时更是并入临漳县。显然南京、安阳的历史地位要远次于西安、洛阳、北京和开封，但它们都是在我国历史上最重要的古都。当然，还有不少其他古都。本书都城的名称以现今城市的名称或附近城市的名称为标准。

都城是一国政治、经济、文化的综合体。历史是一面镜子，在这里政治舞台上发生过的无数事件，其中有的足戒后世，从中可以吸取经验教训；有的为国为民，其事迹为后人所敬佩；都城也是经济的重心，曾经创造了先进的物质文明，值得我们继承发展。光辉灿烂的文化，至今还可让我们感受到当时的影响。都城又是中外文化交流中心，中原文化通过这里传播到边区、邻国。都城留下的历史遗迹，成为人们缅怀历史、吸取教训、感慨先辈业绩、继承历史文化、增强民族自豪感的良好场所，是祖先遗留给我们的宝贵财富，也是发展旅游事业的重要基础，值得我们珍惜和重视。

古都的现实意义

一个古都，是一部历史，既是昔日社会状况的缩影，也是一轴长长的反映古代经济、科学、文化成就的绚丽画卷。都城的城市布局和宫殿、寺庙、街坊、园林、陵墓、雕塑，无不是古代中国人民勤劳智慧的结晶。汉唐的长安、洛阳，北宋的开封，南宋的临安，元代的北京，都是当时世界上人口最多、经济文化最发达、城市建筑最漂亮的城市之一。我国有如此众多、辉煌壮丽的古都，确是值得我们引以自豪的。

沧海桑田，随着时间的变化，昔日赫赫有名的古都有不少已沦为废墟，或成为农田，或为荒草所湮没。商朝覆亡后，几年之内，商都已成一片稼穑之地。在中国古都发展史上占有重要地位的曹魏和北朝五朝的首都邺城，十六国时期赫连勃勃铜墙铁壁坚不可摧的都城统万城，蒙古国时美轮美奂的都城和林和上都城，都已化为一片废墟，湮没在历史的长河中。

还有一些古都，虽然幸存下来，但因各种原因早已衰落下去，今天只是些很一般的城镇，有的甚至只是人烟稀少的小村庄，与昔日的显赫地位相比未免有天壤之别。例如，湖北江陵在战国时为泱泱大国楚的都城所在，今天不过是一个普通的县；海东盛国渤海国都城东京龙泉府，称雄中国北部的辽朝的首都上京临潢府，今天只是不起眼的小城镇。尽管如此，我们也不能因后来的变化，抹杀它们以前曾作为某一较大区域政权都城的光荣历史。

想当年李白南京寻幽探古，却只见一片废墟，野草丛生，不由得发出了“吴宫花草埋幽径，晋代衣冠成古丘”的感慨。其实，岂止六朝古都南京，即使那些今天仍然存在并获得发展的古都，历经战火、自然灾害，更多的是人为因素的破坏，真正存在的古迹已难觅踪迹，更别说复见昔日都城的全貌了。

就拿北京来说，自 1911 年辛亥革命将清朝皇帝赶下台，至今不过百年时间，已由一个古色古香的封建都城，演变为生气勃勃的现代化大都市。由于近代工商业和交通运输业的发展，民国初年开始拆除皇城城垣，至 1923 年大部分已拆除。民国以后，拆除个别城楼及瓮城，加开豁口和开辟新城门的工程，也在陆续进行。在 1956 年以后的几年间，北京旧城墙被全部拆除，彻底改变了北京城的古老格局。此外，北京的天安门广场和市内交通系统也得到改造。今天，北京旧城的面貌已大体改变，只留下一些古建筑、古园林和古陵墓，以及一些古代的断壁残垣。

中国最后一个古都北京尚且如此，其他古都的待遇就可想而知了。事实上，要寻找一个比较完整地保存昔日风貌的古都，已是不可能的事情了。

值得欣慰的是，毕竟还有不少古都经过许多次重建的艰难历程，幸存了下来，有的还发展为我国今天重要的大都市。其中，北京是我们中华人民共和国的首都，南京、杭州、西安，以及广州、福州、长沙、银川、成都、拉萨、太原、沈阳都是地方省会和自治区首府。这些千年古城，今天正焕发着新的活力与光彩。历史地看，这是一种时代的进步。

时代在前进，古都在发展，将昔日封闭、森严、死气沉沉的帝都，改造为充满生气、方便生产、方便生活的现代化城市，也是历史的必然。但保护古都，保护文物，减轻对其破坏程度，更是一项历史性、长期性的任务。古都及其文物古迹，是古代劳动人民勤劳智慧的产物，是遗留至今的古老文化的精华。它属于古人，也属于我们，更属于我们的子孙后代。在城市建设中如何改造古都，保护古都，使现代化城市与古老的文化遗存和谐共存，早已摆到每一个古都所在的城市建设者的面前。在现代化建设中，保护古都并使之在前代基础上重新焕发出原有的光彩，也成为古都所在城市正在认真考虑和解决的问题。

目前，我国古都的旅游资源日益得到重视和开发。北京、杭州、西安、南京、苏州、洛阳等古都以其悠久的历史、典雅庄重的古建筑群和经过历代精心雕琢的迷人的自然风光和人文景观而成为旅游热点。某些位置比较偏僻的古都或古都遗址，如新疆吐鲁番市以东的高昌故城、黑龙江宁安县境的渤

海国都城遗址，也开始引起海内外游客的兴趣。在建设旅游风光区的同时，不少古都的文物遗迹也开始得到修复。总之，古都既是古老的，同时也是生机勃勃的，它们的未来必将更加灿烂辉煌。

知识链接

古都一览

1. 西安：十三朝古都（西周、秦、西汉、新莽、东汉、西晋、前赵、前秦、后秦、西魏、北周、隋、唐）

2. 洛阳：十三朝古都（夏、商、西周、东周、东汉、曹魏、西晋、北魏、隋、唐、后梁、后唐、后晋）

3. 南京：十朝都会（东吴、东晋、宋、齐、梁、陈、南唐、明、太平天国、中华民国）

4. 安阳：七朝古都（商、曹魏、后赵、前燕、冉魏、东魏、北齐）

5. 开封：七朝古都（魏、后梁、后晋、后汉、后周、北宋、金）

6. 北京：五朝古都（辽、金、元、明、清）

7. 大同：四朝古都（北魏、辽、金、元）

8. 广州：三朝古都（南越、南汉、南明）

9. 杭州：两朝古都（吴越、南宋）

10. 郑州：一朝古都（商）

第二节 曙光初现——古代早期的都城

都城的诞生

随着早期国家的建立，中国的都城慢慢出现。当然，都城的形成并不是一蹴而就的，它需要一个过程。据考古资料证明，在仰韶文化时期，我国的原始村落就有了较为合理的布局，其可以满足集体生活的需要。为了防止野兽的突然袭击，人们在村落周围开始挖壕沟。而到龙山文化时期，因为部落之间因为各种各样的事情经常发生争斗，所以为了防备其他部落的突然进攻，各部落开始垒筑城墙作为防御工程，最原始的城堡开始产生。当然，原始城堡不仅是城市的萌芽，同时也预示着早期都城即将出现。

夏朝是我国第一个奴隶制王朝，它于公元前 21 世纪建立。据古书《世本·居篇》记载，夏朝的第一个统治者是禹，他最初建都在阳城（今山西省阳城县一带）。在阳城，他不仅建立了城郭沟池、宫室台榭和监狱，还驻扎着军队。据说在大禹之后，夏都多次进行迁徙，先后在今天的山西夏县与河南登封、偃师、禹州、济源、濮阳、巩县、陈留等地建立好几都。因为记载资料的缺乏，所以关于夏都的具体情况，我们无从得知，只能从一些夏文化的遗址中寻找证据。根据对河南省登封县王城岗和偃师县二里头两处有可能是夏代都城的分析，当时已经出现了宫殿，甚至是用来祭祀祖先的神庙。

到春秋战国时期，我国都城出现了重大发展。此时的都城已经开始显露出后世城市的一般功能和规划布局。这些都城不仅在当时起着重要的作用，在后来的历史发展中也扮演着重要的角色。下面我们就简要介绍几个后文中没有具体介绍的都城：

齐国都城——临淄

齐国是周初最有名的功臣吕尚（也叫姜尚，即我们所熟悉的姜子牙）的封国，从公元前9世纪中叶齐献公迁都于此，到公元前221年秦灭齐国，临淄作为齐都历时长达600多年。临淄全城包括大城和小城两部分，大城周长14千米，小城周长7千米，总面积约30平方千米。大城是一般居民区，小城是宫殿区，手工业作坊主要分布在大城的东北部和小城的南部。现已探明，临淄当时有城门11座，道路10条，排水系统2处。战国时临淄有7万户居民，为列国中最繁华的城市之一。《史记·苏秦列传》中云：“临淄之途，车毂击，人肩摩，连衽成帷，举袂成幕，挥汗成雨。”意思是说，临淄的街道上，车与车相撞击，人与人肩碰肩，衣襟相连成营帐，衣袖举起如幕布，人群挥汗如下雨，可见临淄之繁华！临淄也是东方文化中心，著名的思想家孟子、荀子、邹衍都来过这里。秦汉时代，临淄仍是我国北方的重要城市。临淄的全盛时期在西汉初年，当时人口达10万户之多。

鲁国都城——曲阜

曲阜是中国传统文化的重要发源地，伟大的思想家孔子就诞生在这里。曲阜城曾做过商的都城，当时这里称奄。周武王灭商后，封他的兄弟周公旦为鲁国公。当时周公旦在朝辅政，无法分身，便派他的儿子伯禽到此兴建鲁国，开始创建曲阜城。经过西周、东周时期几百年的经营，到战国时，曲阜城已成为东方的大都会。

当时的曲阜城呈扁长方形，东西约4千米，南北约3千米，面积约10平方千米，比现在的曲阜城还大7倍。城四面有城门11座，城内有交通干道8条。城中心是宫殿区，城的东、西、北三面为手工业作坊和居民区。近年来，通过对曲阜故城的制陶、制骨、冶铁、冶

曲阜鲁国故城遗址

铜等作坊遗址和居民区遗址的系统勘探，使人们了解到当年的鲁国都城已经是相当繁华了。

秦国都城——雍

雍在今陕西凤翔南。其作为秦国都城的时间，即从公元前 677 年秦德公自平阳（今陕西宝鸡县东）迁都于此，到公元前 383 年秦献公迁都栎阳（今陕西西安市东南），共有 280 多年。据资料记载，我们可以得知，雍城东西宽 3. 3 千米，南北长 3. 2 千米，有的城门宽达 10 米左右。而其主要的宫殿和宗庙建筑都在城内偏向西南的中部。从现在发现的遗址来看，其规模是非常大的。其中的马家庄三号遗址和一号遗址，分别是目前所发现的秦统一以前最完整的宫殿布局和宗庙遗址。马家庄三号遗址包括两大部分，即外朝和内廷，其四周都有围墙，从南到北分成五进院落。马家庄一号遗址分别由祖庙（祭祖先的场所）和另两座庙宇组合成“品”字结构，平面呈“凹”字型。

在秦献公之后，因为雍城的地理位置过于偏西，对于东部发展极为不利。所以，秦国逐渐将都城向关中平原东部迁移，但是仍然使用雍城这个旧都。有些重要的礼仪仍然到雍的祖庙来举行。在公元前 238 年，秦王嬴政的成年礼就是在这里举办的。

赵国都城——邯郸

邯郸历史悠久，文化灿烂，是中华文明的重要发祥地之一。从公元前 386 年赵国自中牟（古称圃田，位于今河南省中部）迁都于此，到公元前 228 年秦灭赵，赵国定都邯郸共 158 年，是我国北方的政治、经济、文化中心。邯郸城形制特殊，建筑雄伟，现有后人称为“赵王城”和“大北城”的两个城址。赵王城由三个小城连接组成，可能是宫殿区。大北城在赵王城

邯郸古城遗址

北，可能是郭城，东西宽约 3 千米，南北长近 5 千米，为手工业作坊和商业区、居民区。赵王城东北角的丛台高达 26 米，是赵国早期宫殿所在。赵国是“战国七雄”之一，作为其都城的邯郸工商业十分发达。一直到汉代，邯郸仍被列为全国五大都市之一。

郑韩双都——新郑

新郑是一座拥有 8000 年的裴李岗文化、5000 年的黄帝文化和 2700 年的郑韩文化的古城。因为作为中华人文始祖的轩辕黄帝，在这里统一了天下，而且开启了中华文明的新篇章，所以新郑被誉为“黄帝故里”“中华第一古都”。

郑国的封地本来在今陕西华县以东，但是在西周末年，随着周平王东迁到洛阳以东，春秋初年建都新郑。而在战国初年，随着韩国灭郑，都城迁到新郑。所以，新郑是郑、韩两国的都城。

新郑城被一道南北向的隔墙分为两部分，即西“城”和东“郭”。西“城”建筑比较早；而东“郭”的城墙是后来修筑的，郭门内的大道称“逵”，大道旁设“市”。虽然郑国是一个小国，但是地理位置较为优越，工商业非常发达。而韩国则是战国七雄之一，实力更为雄厚。所以，作为它们都城的新郑城内，其经济发展情况非常好。

燕国都城——蓟

蓟，故城在今北京市区西南部广安门一带。从公元前 11 世纪召公奭受封定都于此，到公元前 222 年秦灭燕国，蓟共作了七八百年的燕国都城。战国时，燕国雄踞河北北部，并将势力伸入辽东半岛，蓟也成为北方重要的商业城市。它的贸易联系范围除燕本国外，远达今山东、山西、河南的一些地方。蓟城内有规模宏大的宫殿，见于记载的就有元英宫、历室宫等。蓟的遗址至今还不能确定，有关城内布局也不很清楚。但从燕的下都（陪都）武阳城的规模来

燕下都遗址

看，作为国都的蓟应更加雄伟壮观。

武阳遗址东西长 8 千米，南北宽 4 千米，城区面积达 32 平方千米，为现存最大的战国遗址。武阳城墙最高达 10 米，分东、西两城，由一条纵贯南北的河道隔开。东城是内城，面积大于西城，宫殿区、居民区和作坊区主要分布于此，地下还埋设陶管下水道。由于下都是军事重镇，东城内有不少遗址可能是兵营。西城从西面护着内城，居民较少，主要具有军事上的意义。

楚国都城——郢

郢，在今湖北省江陵县附近，古代中国楚国的都城，公元前 689 年楚文王迁都到此。此后，除楚昭王曾短期移都鄀城（今湖北宜城）外，在公元前 278 年楚国因秦军进攻被迫迁都以前，郢一直是楚的都城。因其处在纪山之南，后世又称之为纪南城。

郢城遗址

郢城为长方形，东西长 4.5 千米，南北宽 3.5 千米，总面积近 16 平方千米。城内共有 7 个城门，其中 5 个是陆路城门，2 个是水路城门。城四周有护城河，宽达 40 米。城内有人口密集的居民区，有生产多种手工业产品的作坊区；城郊有许多贵族墓地。楚国为当时大国，郢城市面十分繁华。桓谭《新论》中记述："楚之都郢，车挂毂，民摩肩，市路相交，号为朝衣鲜而暮衣敝。"意思是说，郢都内，车撞车，人碰人，人们早上穿新衣出门，晚上回来衣服已挤破了，其繁华景象可见一斑。郢城地下曾出土过色彩艳丽的丝织品和巧夺天工的漆器，反映了手工业的发达。这里是覆盖南方广大地域的楚文化的中心，它不仅造就了战国最伟大的诗人屈原，而且也是当时的音乐之都，既有只被少数人所理解接受的高贵典雅的音乐"阳春白雪"，也有流行于广大人民之中的大众音乐"下里巴人""阳陵采薇"。楚国灭亡之后，郢都被夷为平地。在今废墟之上，残存着用黄土夯成的高台和断墙，登高远眺，隐约可见昔日的雄伟壮观。

吴国都城——吴

吴城，又称姑胥城、阖闾城。公元前 514 年，吴王阖闾即王位，决心富国强兵，于是采纳伍子胥"先立城郭，设守备"的建议，经过精心选择，于今苏州市修建了此城。后长期定都于此，直至公元前 473 年为越国所灭。据《越绝书》记载，吴城有大、小两城，小城周长 6 千米，大城周长 23.5 千米。

阖闾城遗址

此外还有外郭城，周长 34 千米。城池呈长方形，有水陆门各 8 座。城外有宽阔的护城河，城内还有护城壕，由水城门相接，与郊外河湖港汊相通，便于船只进出，体现了南方水网地带都城的特点。吴城手工业特别发达，著名的干将、莫邪剑就是在此铸成的。吴国是当时的大国，西破强楚，北威齐、晋，吴城也成为当时江南著名的都城。

知识链接

三皇五帝无国都

据说在远古时代，在夏禹之前还曾经有过三皇五帝，而且关于三皇五帝所在帝都的资料有很多。然而现代史学界一般认为，传说中的三皇五帝时期尚处于原始社会发展阶段，连国家都没有产生，怎么可能有作为国家政治中心的都城呢？所以，人们眼中的这些都城即使存在，也不过是一些部落领袖的驻地而已。

在人类进入阶级社会之后，国家和城市逐步出现，此时作为国家统治中心的都城也就出现了。

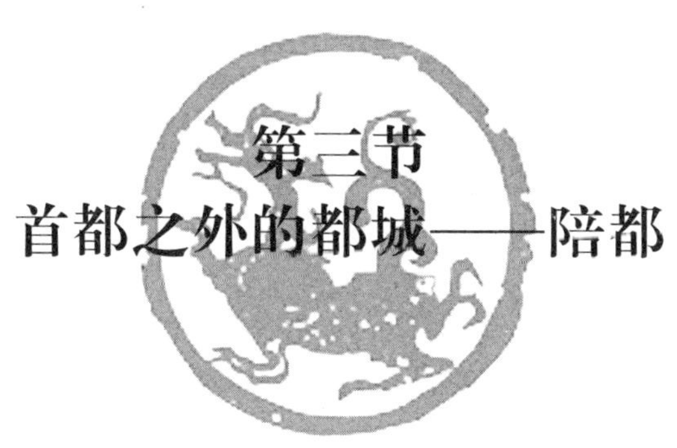

第三节
首都之外的都城——陪都

所谓陪都，指的是在首都之外另外设立的都城，是因政治地理原因或其他政治军事形势的原因，朝廷或国家在正式首都之外选择特定地理位置所建立的辅助性首都。陪都又称为行都、留都、别都。行都是在必要时朝廷前往暂驻的地方；留都指政权在迁都之后对旧都的称呼；别都是指首都之外的另一都城，比较贴近“陪都”的本义。陪都不是全国的政治中心，所以一般不设中央政府机构，但也有例外，如明代永乐之后的南京。不过，历朝设立陪都，都有自己政治上的用意，并不全是虚设。

陪都的确立与影响

设辅京、陪都是中国历代建都史上的重要特点之一。历史上陪都地位的确立，主要是由于以下因素的影响：

（1）前一王朝的首都。如东汉的西京长安，三国曹魏的许昌。

（2）王朝初期的首都。如明代永乐之后的南京，清代的盛京。

（3）皇帝的家乡或“龙兴之地”。如东汉的南都南阳、三国曹魏的谯，明代的中都凤阳府，都是开国皇帝的家乡；唐的北都太原则是高祖起兵的地方，是为“龙兴之地”。

（4）皇帝曾经出征或暂住过的地方。如唐的蜀郡、凤翔府，北宋的大名府。

（5）政治状况有很大不同的地区的中心。如辽的东、南、西等京。

（6）在政治经济上具有重大意义的地方。如唐朝的东都和东京洛阳。

（7）军事重镇。如燕的下都、三国吴的武昌。

（8）实际的权力中心，如东魏时的下都晋阳。

就政治职能与地位而言，陪都根本无法与首都相比。在一般情况下，陪都不具有全国行政中心的职能，大多数陪都只具有政治象征意义。特别是那些因系开国君主的家乡、“龙兴之地”，或因某一位君主的经历而升为陪都的，一般仅具都城之名，而无全国行政中心之实。东汉、三国等朝以前朝首都为陪都，主要是要体现新王朝继承前朝的政治合法性，以迎合士大夫阶层的正统观念。渤海、辽、金的每一陪都实际只是每一特定地区的政治中心。

在全国政治中具有重大意义的陪都只是少数，其中以西周的洛邑、东魏的晋阳、唐代的洛阳、辽的南京最为著名。西周以洛邑作为控制东方的政治、军事中心，具有不可替代的作用。东魏的高欢手握重兵，建大丞相府于晋阳，在此发号施令，晋阳成为实际上的首都。唐代以洛阳为东都的目的在于洛阳为全国漕粮中心，是控制东方的要地。唐高宗、武则天曾长驻洛阳，在那段时间中，主要国家大事都在洛阳决定，许多政令也是从洛阳发出的，洛阳实际上已成为全国的政治中心。武则天改唐为周，干脆将首都迁到洛阳。辽代上京临潢府只是偏于一隅的政治军事堡垒，经济重心在南部的燕云十六州，南京实际不仅是全国的经济中心，而且在政治上也有十分重大的影响。

古代都城与陪都的变迁

历史上最早的陪都应当是西周初年设立的洛邑。在周武王灭商之后，曾经为如何使东方安定而心烦不已。因为商朝灭亡之后，很多商贵族不甘心被灭，所以多次发生叛乱。然而，西周建都在丰镐，距离这些商贵族所在的地区非常遥远，所以心有余而力不足。在这种情况下，周公旦看中“居天下之中”便于控制东方的洛邑，于是将其作为周的陪都，以便管理边远地区。成周建成后，周朝把所有的商贵族集中到这里，而且驻扎重兵监视商贵族，当然，周成王也经常居住在这里。陪都的建立，无论是对于维护国家统一，还是征收赋税都起着重大作用。在此之后，一些王朝也模仿西周实行两京制，在首都之外另设陪都。

在战国时期，燕国都城在蓟城。为了更好地向南部扩张，在武阳置下都。除此之外，赵国在易阳设立信都，魏国以邺为陪都，齐国更是设有五都。

秦和西汉京师在长安，在洛阳设置南北宫，新莽以长安为新室西都，洛阳为新室东都。东汉定都洛阳，将其称为东京，以西汉的都城长安为西京。东汉皇帝姓刘，因为他们自认为是西汉皇族刘氏的后代，所以经常到西京长安来祭祖和祭陵。由于开国皇帝刘秀是南阳人，所以东汉又以南阳为南都。

在三国时期，曹魏仍然以洛阳为首都。在221年，因为谯（今安徽亳州市）是魏国奠基人曹操的故乡，邺城是曹操在东汉末封魏王的地方，许昌为东汉末代皇帝献帝的都城，长安是西汉的旧都，所以将其定位为陪都，与洛阳合称“五都”。

邺城遗址

在三国时，南方的吴国也有陪都。在229年，吴国将都城从武昌迁回建业，也就是以武昌为行都，将其作为长江上游发展的重要城镇。

在南北朝时期，北魏孝文帝从平城迁都洛阳，平城被称为北京，但其并不是正式的建制。后来，北魏大将高欢从晋阳起兵，扶持北魏部分皇室成员北上建立东魏王朝，

定都于邺，将其称为上都；又以晋阳为下都。在此之后，北齐代东魏而兴，都城之制与东魏相同，仍然以晋阳为陪都。

在五胡十六国时期，后赵以洛阳为南都，后再设长安为西京；胡夏以统万城为北京，长安为南台；代国以盛乐为北都，平城为南都。北周平齐之后，升洛阳为东京，设置六府官，并且声称是“东京六府”。

隋朝定都大兴城。炀帝时迁都洛阳，称洛阳为东京，又称东都；以旧都为西京。

与前朝相比，唐朝的都城设置比较杂乱。在唐朝初期，虽然定都长安，但是仍然非常重视洛阳。唐太宗李世民在洛阳修建宫殿，而唐高宗在657年定洛阳为东都。女皇帝武则天因太原附近为她家乡，置为北都，后来被废除。然而，因为太原是唐高宗起兵的地方，所以在不久之后又被置为北都。唐玄宗以长安为西京，洛阳为东京。玄宗以后几度以河中府为中都。“安史之乱”以后，唐玄宗逃至蜀郡避难，肃宗到过凤翔。所以，在757年以蜀郡为南京，凤翔为西京，分别作为陪都，而称长安为中京。在上元初，因为荆州战略位置非常重要，所以被设为南都。在不久之后，重新确定陪都，以洛阳为东都，凤翔为西都，江陵为南都，太原为北都，然后加上上都的首都长安，所以合称“五都”。

唐代渤海国也实行五京制。在首都上京龙泉府之外另立四京：中京显德府，南京南海府，东京龙原府，西京鸭绿府。

五代十国时期，后梁以开封为首都，称为东都开封府；以洛阳为陪都，称西都洛阳府。923年4月，后唐庄宗李存勖在魏州开国称帝，以魏州为首都，称兴唐府，建为东京；另设两个陪都，以太原府建西京，以真定府建北都。同年11月，灭后梁，都城迁到洛阳，称洛京，另以京兆府和太原府为陪都，分别称为西都和北京。在925年又改洛京为东都，并且以兴唐府为陪都称邺都。在929年邺都重新改为魏州，其不再作为陪都。后晋以汴州为首都，称东京开封府；以洛阳为陪都，称西京，而且又复设邺都。后汉都城建制，如后晋，分别设东京、西京和邺都。北周仍定都开封，称东京，也以洛阳为西京。十国中的南唐定都江宁府，号西都，以江都府为东都，吴越以西府杭州为首都，又以东府越州为陪都。

北宋以开封为首都，称为东京，立洛阳为西京河南府，应天府为南京，大名府为北京。南宋时期，临安称行在，建康则为陪都。

辽前期以上京临潢府为首都。因为上京地理位置偏北，以幽州为南京，

又称燕京，其主要管理燕云十六州的东部地区；以云州为西京，管理燕云十六州的西部地区；以辽阳为东京，管理原渤海国遗民。在1007年又建中京大定府并以之为首都，以上、南、西、东四京为陪都。

西夏以怀远镇为首都，称为东京兴庆府，立灵武为西京西平府。

金朝沿袭辽朝旧制，也建五京。最初以会宁府为首都，称上京，临潢府为北京，辽阳府为南京，大定府为中京，大同府为西京。在1153年，首都至今北京市，称为中都大兴府，改南京为东京，废去临潢府的北京名号，改中京为北京，又立开封为南京，合为六京。

元朝定都北京，称为大都，又以旧都上都开平府为陪都，并称两都。

明朝开国皇帝太祖朱元璋建都应天府。在1368年，以应天府为南京，设北宋故都开封府为陪都，称为北京。不久之后，改称应天府为京师。在1369年，又设朱元璋故乡临濠府为陪都，称中都。明朝第三个皇帝成祖将都城迁到北平府，改为北京。到第六个皇帝英宗时正式将北京改称为京师，应天府重新改称南京，作为陪都。

清朝迁都北京，称之为京师顺天府，又以旧都盛京为陪都。

知识链接

王氏高丽王朝的陪都

1. 平壤

918年高丽太祖王建推翻弓裔（？—918年，新罗第47代王宪安王的庶子），在高句丽故都平壤建立王氏高丽政权。第二年（919年）把首都迁往自己的故乡松岳郡（今开城），改称开州。为了纪念自己的发家之地平壤，926年王建升平壤为“西京”，作为首都皇都（今开城）的陪都，置留守官。一直到1392年王氏高丽灭亡，西京一直是王氏高丽的陪都。

2. 庆州

在935年，王建攻占新罗首都金城，改金城为庆州，这标志着新罗灭亡。

在987年，升庆州为“东京”，置留守官，与平壤同为东、西两陪都。1012年，取消京号，仍为庆州。

3. 汉阳

1010年，契丹入侵高丽，在那个时候，高丽显宗放弃了王京开城府，南逃汉阳，升汉阳为“南京”，作为临时首都和陪都，与西京平壤和东京庆州称为“小三京”。在1382年8月迁都南京，成为首都。1383年2月还都王京，南京再为陪都。1390年7月迁都南京，命安宗源、尹虎留守王京，南京再为首都。1391年2月，恭让王还都王京，南京再为陪都，直到王氏高丽灭亡，朝鲜王朝迁都汉阳。

4. 开城

开城本为王氏高丽首都，号皇都，后改号王京，又俗称松都、松京、开京……1382年8月迁都南京，王京成为陪都。1383年2月还都王京，再为首都。1390年7月迁都南京，命安宗源、尹虎留守王京，再为陪都。1391年2月，恭让王还都王京，在朝鲜王朝迁都汉阳之前，其首都地位并没有被动摇。

第四节 古代都城的选址

都城对于一个国家来说，有着非常重要的地位。它是统治者控制全国、发号施令的地方。所以都城的稳定与否直接关系着整个国家的稳定。通常来说，因为都城人口较多，所以它是全国的政治、经济和文化中心。当然，其

城市规模也是非常大的。除此之外，都城也是统治者生活享乐和保持无上权威的所在。所以，每个王朝的统治者都分外重视都城所在地的选择和布局，在考虑其经济和政治的同时，还需要考虑其军事位置优势。

易守难攻的地势

都城是一国的中心，都在国在，都亡国亡。所以，为了确保都城的安全，不至于轻而易举就被敌人攻占，历代王朝都把都城的安全性摆在第一位。今西安之所以成为古代建都时间最长的古都，主要因素便是其所在的关中区域山环水绕，易守难攻。不仅如此，都城的四周最好也要有险可依，以资最后的抵抗。建于西安附近的古都，西周的丰、镐，秦的咸阳，西汉、北朝、隋、唐的长安，城址都没有越过灞水，原因是要“临河以为渊”。因为这些王朝的主要威胁来自东部，南北流向的灞河无疑是一道天然屏障。隋朝营建的东都洛阳，南望伊阙，北据邙山，东临瀍水，西接涧河，洛水中贯，显然在选址时已考虑到防御的需要。

殷墟

如果不具备山环水绕的地理形势，便只好在都城周围屯驻重兵，但由此就要大大加重都城对外地粮食和物资的需求程度。北宋初宋太祖之所以打算迁都洛阳或长安，就是“欲据山河之胜而去冗兵，循周（东周）、汉（西汉和东汉）故事，以安天下也”。他担心定都开封，屯驻重兵，必然要大大加重人民运输漕粮的负担，“不出百年，天下民力殚矣”（李焘《续资治通鉴长编》卷一七）。这种担心不能说是没有道理的。

充足丰富的水源

都城人口众多，自然需要大量的生活用水。再加上帝王将相的宫殿园囿、沟渠池塘，需要涓涓的绿水加以美化点缀，需水更甚。同时，近水择址，也可为灌溉和航运提供方便。因此，水源对城址的选择影响很大。基于这个原因，我国的古都大都设在大江大河旁边。即使西北干旱地区河流较少，但古都也都是建在水源较为丰富的绿洲上。

高梁河

此外，水源的变迁往往还会直接导致都城城址的迁移。元朝兴建大都，不取金中都都城旧址而选择在它的东北郊建城，原因就是金中都所依赖的水源——莲花池水系已不能满足新首都的要求，不得不移动城址，以使用新的水源——高梁河水系。

四通八达的交通

作为全国的统治中心，在统治者下命令之后，都城要迅速传达给全国各地，而各地的信息也必须及时反馈到都城。当然，这些都需要都城有良好的地理位置和交通条件。在战国时期，秦国的三个都城雍、栎阳和咸阳都排列在渭河北岸，之所以这样安排是因为在渭河以北有一条平坦的东西大道，可以直通当时经济文化比较发达的晋国。虽然在渭南也有一条道路，但是远远比不上渭北的重要。北京之所以能够成为历朝的首都，是因为其位于中原北部通往东北、蒙古高原和山西高原几条道路的连接点，地理位置非常优越。

在古代，最为便捷的交通运输方式就是水上运输。然而，很多都城周围都缺少可供航行的河流。为了充分发挥水运的优势，朝廷会动用巨大的人力物力来开挖运河。所以，战国魏惠王在迁都大梁的第二年，就开挖鸿沟，沟通黄河和淮河间的主要水道。而隋炀帝在营建东都的同一年就开凿通济渠和大运河，这样就可以使船只从洛阳下水，进入黄河和淮河，直达江南地区。

大运河

发达的区域经济

古代都城基本上都是全国人口最多的都市，需要消耗巨量的粮食和生活用品。而古代交通工具相对落后，长途运输十分不便，如果都城所在地区经济发达，就可以减少对外地的供求依赖程度。因此，古代都城的所在地往往都是经济发达的地区。唐中叶以前，我国的经济重心处在北方的黄河中下游地区，所以统一王朝的都城大都设在长安和洛阳。以后随着经济重心的南移，迫使都城向东向南转移，先是迁到靠近江淮的开封，然后干脆迁到位于江南的南京。战国时，秦国把都城从栎阳迁到咸阳，主要因为栎阳所在区域多盐碱泽卤地，没有经过长期的开发改造，经济落后；而咸阳一带人口稠密，开发早，终南山物产丰富，取之不尽。元、明、清的都城北京虽然已不是经济重心地区，但仍然是北方经济相对比较发达的区域。

平坦开阔的原野

都城一般均为全国第一大城市，没有开阔的地面是不行的。因为只有建筑在比较平坦开阔的地方，才便于都城的布局和发展，也才能有比较方便的交通系统和发达的农业生产。因此，我国古代的著名都城，特别是统一王朝的都城，无不位于平原上。甚至疆域面积较小的区域性政权的都城，差不多也都位于境内较大的平原上。例如，山西境内的太原、大同、临汾，便都是在地势比较平坦的盆地内，四川的成都更是居于全省主要平原的腹地。只有少数都城建在崇山峻岭之中，但这并不是统治者乐意选择这种地形建都，而是境内地形如此，没有太大的选择余地。即使这样，这些都城仍会选择建在境内地势稍平的地方，例如河谷地带。

就同一都城而言，地面状况的变化也会引起城址的变化。西汉和隋唐的都城长安都在今天的西安市，但两城城址却有所不同，变迁的原因就是隋唐统治者要寻找更为

渭河平原

开阔的地带。汉长安城建在龙首原北原，北临渭河。汉代以后，由于渭河向南摆动，侵蚀北原，北原面积日益缩小。因此，隋代兴建大兴城时，便把城址选在了平原面积较大、便于都城发展的龙首原南原。

秀丽宜人的景色

因为都城象征着一个国家，所以在其实用的基础上还要追求美观。古代帝王位尊权贵，在治理国家的同时，还会纵情于声色犬马、田猎游乐。所以，在修建宫殿阁楼、开挖沟渠的同时，还会在城外大造离宫别馆、禁园御苑。例如，西安骊山脚下的华清池和杭州的西湖、北京的西郊，当年都是皇帝纵情享乐的地方。正是考虑到这一点，统治者在选择都城地址的时候，还要对其周围的自然和人文景观进行考虑。明朝人谢肇淛在《五杂俎》一书中分析南宋高宗定都杭州的原因的时候甚至说："高宗之都临安，不过贪西湖之繁华耳。"也就是说高宗定都杭州的主要原因就是西湖周围的秀丽风景。虽然有点绝对或者是夸大，但也有一定的道理。

历代统治者在选择都城地址的时候，不仅要考虑自然因素，更重要的是占卜的结果。在古人看来，宇宙间存在着一种主宰力量，它无所不能。所以，像选择都城这样的大事情，一定要征求上天的意见。西周修建洛邑之前，首先进行"卜宅"，也就是通过占卜来确定此地是否适合建都。如果适合，那就开始动工修建。隋代在龙首原建都城，事先也经过占卜。据《隋书·高祖上》记载，在新都开工前，隋文帝发布诏令说："现在居住在此，只是权宜之计，既没用筮草或龟甲占过卦，也没对过天象，因此不能建为首都。而龙首原山川秀丽，万物生长茂盛，经过占卜，适宜建都。"

杭州西湖

当然，完美的事物是不存在的，想要选择各方面都非常力量的都城也是不可能的。所以，这需要综合考虑。事实证明，都城的选址都会受到历史继承性的

影响。

生活在农业社会的人通常不愿意脱离自己所熟悉的环境。所以，搬迁并不是一件容易的事情。当然，一个王朝想要在一个地方建立新都也并非易事。这不仅是因为不容易选到各方面都理想的地址，而且更重要的是建设新都需要耗费大量的人力物力。对于一个刚刚建立但尚未稳定的政权来说，这是影响民心的，所以必须要考虑。另外，因为旧都存在多年，其各方面设施都是齐全的，只需要稍加改造就可以继续使用。所以，我国不少的古都长期延续，往往具有几百年的历史。

第五节 古代都城的布局

古代都城的规划布局思想是中国传统哲学体系与文化传统的产物，其核心思想就是“天人合一”，即用都城的物质形态和布局来体现天上的秩序，追求天、地、人之间和谐。因而中国古都总是以皇宫为中心，采用轴线与对称的方法强化帝王至高无上的权威。

古代都城的布局，除了要遵循一般城市布局的规律之外，还有一些特殊的要求。古代都城首先是政治中心，是帝王发布政令的地方，因此都城布局的核心思想是要体现帝王的权力和威严，确保帝王的安全，满足帝王奢华生活的需要。为此，历代都城的布局都颇费心思。

战国时期成书的《周礼·考工记》中记载了周朝的都城建筑规划：“匠人营国，方九里，旁三门，国中九经九纬，经涂九轨，左祖右社，面朝后市。”这些规划周代是否实行还有待于考古发现证实，但它在一定程度上体现了统治者对都城布局的要求。由于《周礼》相传为上古圣人所作，因此历代王朝在建设都城时或多或少要附会《周礼·考工记》，尤其是元代的大都城几乎是完全依照这种规划思想建造的。

中国古代的大多数都城都是经过精心选址和规划布局以后才建设的，而且很早就使用了规划平面图，从而使古代都城的布局井然有序，美观大方。

古代都城布局内容十分丰富，以下选择几个主要方面，略加介绍。

防御系统——城与郭布局

城、郭其实就是城墙，是都为城市安全而建的防御系统。只不过内外有别，一般里面的称“城”，外面的称“郭”。二者的居住对象与职能也泾渭分明：“城”是国君、贵族和大臣的居住和办公之地；“郭”则是一般居民区，工商业区和墓葬区也在此。正所谓“筑城以卫君，造郭以守民”，概括了城与郭的不同作用。

商代和西周的初期，都城只有一道城墙或壕沟，所以并无“城”与“郭”之分。直到周公营建成周时，才开创了“小城”和“大郭”相互连接的格局。西周时分封的其他诸侯国因属周天子的下属，还不能采用成周王都的规格，仍是只有单道城墙。直到春秋时期，随着周天子权力的衰微和诸侯国力量的膨胀，一些中原诸侯国开始采用这种“城”与“郭”分列的布局。

城与郭

战国时期，这种布局逐渐已成常态，除了楚都郢始终只有一个城外，其他各国的都城差不多都采用了既有“城”又有“郭”的布局。

在春秋战国的都城中，“城”，又称为宫城，面积较小；“郭”又称为“大城”，面积较大。许多都城是大小两城相依，大部分“城”位于“郭”的西南侧，占其一隅，例如齐国临淄即是这样；也有部分都城是两城并列，例如燕下都。

在春秋战国时期，吴国都城阖闾城和鲁国都城曲阜城，其城市布局都是采用城中套城的方式。城造在郭的中心，郭完全包围着城。虽然这种形式在当时并不是特别普遍，但是它可以很好地保护统治者的安全。汉代以后，城与郭分开的形式消失，只使用郭包城这种形式。

中国都城布局逐渐成熟的定型期是秦汉至隋唐时期。在隋唐长安城建成后，后世朝代的都城布局基本上都是以它为典范。

在宫城中，皇帝饮食起居、发号施令。在早期，都城中的宫殿数量非常多，而且占地面积也很广，布局不紧凑。而在西汉时期，长安城内就分布着几大宫殿群，如未央宫、长乐宫、建章宫、桂宫……这些宫殿以及中央衙署通常与居民区交错分布，或者是被居民区所包围。从三国曹魏邺城开始，宫殿的结构慢慢趋向紧凑，而宫殿在都城中的位置也由汉代的正中偏南演变为集中分布在都城的北侧，其宫城较为单一。中央衙署集中在宫城的前面，居民住宅则安排在都城的南部。这样的布局不仅能够保证皇帝和中央衙署的安全，而且也在皇帝、臣僚、百姓之间划分出了森严的界线。隋代长安城在中央衙署外又建了一座城，这就是皇城，从东、南、西三面环卫着宫城。从此之后，一般的都城就有了宫城、皇城、外郭城三道城墙，其被严格区分。

隋唐长安城中的宫城位于整个都城的北部正中，南面隔一条大街与皇城相接。宫城和皇城又合称为内城，郭城从东、南、西三面环抱内城。在北宋时期，都城的城和郭的布局又发生了变化，成为宫城、里城、外城三重方城结构。全城正中是宫城，里城包围着宫城，外城又包围着里城。南宋临安城和明代南京城因为受地理位置的影响，所以无法按照隋唐长安或北宋开封的布局。根据具体情况，将宫城分别设置在都城的最南端和都城的偏东方。

在城与郭的布局发生巨大变化的同时，宫城在都城总面积中所占的比例逐渐缩小。而相对的，其他部分，如居民区、道路、河流等的比例也就逐渐增大。

与此相对应，商业区“市”的位置变化也非常大。最初市设在宫城的北

面，其符合《周礼·考工记》“面朝后市”的原则。例如，在汉代长安城中，其建筑就是这样设计的，九个市都在未央宫、桂宫、北宫的北面。而曹魏的邺都则突破了这种布局，市移到宫城南部的坊里间，而“面朝后市”的传统也得到了改变。

当然，以上的变化也带来了其他方面的变化。西汉长安的宫城在全城的西南，整个城坐西朝东，以东门为正门。然而，在东汉的洛阳城中，南北二宫南北纵列，以南门为正门，形成坐北朝南的布局。从魏晋南北朝到隋唐，都城从坐北朝南发展到东、西对称，并有南北向的中轴线布局，宫城向北移紧靠北城垣居中，这使得皇帝“面南背北”“面南称王”更加突出。然而，到了元代，为了附会《周礼·考工记》，元大都又重新采用了“面朝后市”的原则。到了明代的北京城，又将皇城和宫城推到了城市的北部，但并不是最北部，这与隋唐时期的布局还是有所区别的。

知识链接

卡尔卡松城郭

卡尔卡松城郭是西元前6世纪罗马人所兴建的碉堡。在17世纪后期，由于其失去了军事作用，所以成为废墟而逐渐被人们所淡忘。在19世纪，建筑师维欧雷·勒杜克将之恢复原状。在当时，为了防御5~6世纪入侵的新哥德族，建设了第二城墙，因此就形成了拥有双重城墙巨大的城塞都市。

卡尔卡松城郭正门是那波尼斯门，如果是徒步前往的话，最省时的办法是经由奥德门。城郭内可分为高卢—罗马时期、西哥特时代、历代法国国王时期……其建筑式样也是不同的。

神权天赐——宫殿和坛庙布局

宫殿和坛庙是古代都城必不可少的建筑物，构成都城布局的一个重要方面。

1. 宫殿

宫殿不仅是统治者日常起居的地方，同时也是其发号施令的场所。历代统治者都建造了华丽的宫殿，但是现在我们所能见到的宫殿都是明清时代所建造的。最主要的就是北京和沈阳两地的故宫。其中规模最大、建筑技术最精和使用时间最长的是北京故宫。

故宫

2. 坛与庙

在古代时期，人们普遍相信在宇宙间存在某种神秘的力量，其能掌控全局。自然界的日月、星辰、雷电、风雨和重要的山河甚至动植物都各有其神，同时能够对人间产生影响。为了能够得到祖先的庇护，历代的统治者都在都城中修建许多祭祀自然和祖先的坛与庙。坛主要用于祭祀天地、日月、山川河湖、风雨雷电等各种神祇，如明清北京的天坛、地坛、日坛、月坛、社稷坛。而先农坛是比较特殊的一类，它由先农坛、太岁坛、山川坛三个坛组成，不仅祭祀农神后稷，而且祭祀农时和山川。庙主要用于祭祀祖宗先贤等，如太庙、孔庙、关帝庙……

天坛

都市生活区——居民区和商业区布局

1. 居民区——里与坊

从西周直到秦汉时期，都城中居民聚居的基本单位，叫作“里”，面积都不太大，大约有1平方千米。“里”的外面设围墙，只有一个用于居民出入的门，钥匙也由专人保管，每天按时开关。里设里官1名，每天另派一人坐在里门旁边的门房中负责监视出入里门的人。凡出入不遵守时间的，行动不合常规的，甚至穿着衣服不合适的，都要随时向他报告。不过，汉代长安城里也有一些高官显贵的住宅不由里门出入，而是临街道直接开道门，这种特殊的住宅叫作“第”。

北魏时，出现了“坊”，从此取代了“里”的叫法。孝文帝迁都洛阳时，曾经征发了大量的劳动力，一次筑成了320个坊。坊的规格大多相同，都是正方形，四面各开一门。每坊设有里正2人和里吏4人，并设门士8人监督观察出入各门的人。

隋唐时期，长安城“坊”的规划更加严整，有大、小坊之分。唐代的城市格局为坊制，以长安城为例，布局严整：外城之中有内城，把皇族居住区和政府机关与居民区分开；市坊分立，把市场与居民区分开；坊设围墙，把居民区划分为排列整齐的坊，便于管理与加强统治。所以，唐长安城很像棋盘，块块分立，坊门关闭后，每块都可单独成为一个整体。皇帝和皇族居住的宫城在外郭城北部中央，北连禁苑，南连皇城，宫城和皇城以外为里坊区，共有108个方块区域，每一个方块就是一坊，坊的大小不一，大到0.9平方千米，小到0.3平方千米。其中有两个区域是一般坊的两倍，就是东市和西市。大坊近于方形，周围用高大的夯土墙包围；四面开门，中间有十字街；坊内划分成四个小区，每个小区内有一十字形小巷，称作“曲”。小坊共有四列，只有东、西两门和一条横街。各坊均设里正和里卒管理。政府规定，坊门早晚都要按时开关，以击鼓600下为号。闭门之后居民就不得再到街上行走，否则就是犯禁，按照法律要受到鞭笞20下的处罚。只有病人和办丧事的人，经过批准以后才可以在夜间出入坊门。这种制度执行得很严格，所谓“六街鼓歇行人绝，九衢茫茫空有月”，描写的就是唐长安城晚上鼓一敲，人

们就回到坊墙里，街道上空空荡荡的情形。长安城的人们就在一个个独门小院里安然而居。自唐玄宗以后，为了庆祝上元节，规定每年正月十四、十五、十六这三天的夜晚可以开坊门，允许百姓在街道上燃灯游戏。隋唐时期的长安城内，无论官吏和平民的住宅一律都造在坊中，达到了古代都城封闭式结构的顶峰。

2. 商业区——市

早在春秋时代，中原一些国家的都城已出现特设的商业区，即“市”，到战国时期，都城中的市已经非常多。到西汉长安城时，仅有明确记载的市就有 9 个，市内不仅有商业区，而且有手工业作坊。魏晋洛阳城内有城西、城东和城南 3 个市，其与汉代的长安城相比更为集中。隋唐长安城设东西二市。根据对西市考古挖掘的资料，我们可以得知：西市南北略长，东西稍短，各在千米上下；周围筑墙，沿墙有街，中间有“井”字型街；通向四面的八个门，把全市分成九个长方形区域；市中央设市署和平准局等管理机构。

在封闭式中坊形成的同时，标志着至少在战国时期，封闭式结构的市区已经开始出现。市区四面有围墙，每面中间设门，称为市门，按规定市门也要按时开关。在唐代，每天中午打 300 下鼓以后，店铺才能开门；当太阳快下山的时候，打 300 下钲，店铺就要关门。

随着城市经济的不断发展，从唐代后期开始，这种封闭式的坊市制遭到猛烈冲击，长安城中不仅出现了法令禁止的夜市，而且还出现了各种事件，如私拆坊门、向大街辟门出入……在近市的坊中出现了供人短期租用停憩的场所，这里成为市中最为繁华和热闹的地方。

到了五代后周修建开封外城的时候，为了适应时代的需要，并不是如唐代那时一样修建坊墙，而是允许居民沿街造屋，而且还允许在道路旁种树、掘井和搭盖凉棚，这样，开放式的坊市制度和街道制度就逐渐形成。

在北宋时期，这一变化继续发生。北宋初期，里坊制仍被延用。然而，随着时间的推移，人们逐渐从坊内走出来，沿城市大街开始摆摊经营，坊墙最终被推倒，从此之后，居民区与市场混一的城市制度逐渐形成，也就是街巷制。纵观中国都城史，第一个开放式的、街巷制取代里坊制的城市是开封。

南宋临安城甚至突破了相对规则的四方城的形制，其城制非常不规范。临安是临时定都的地方，南渡人口众多，而且也是商贾聚集地，所以开了许多新店铺。但是因为没有做到很好的规划，所以整个街巷是非常乱的。而此时，城市功能也已发生变化，宋代的都城不仅具有政治功能，其经济功能也凸显出来。

宋朝坊墙倒塌之后，商业空间有了极大扩展，同时在时间限制上也更为宽松。北宋出现了夜市。北宋初期，朝廷对东京夜市还规定三更以前必须结束。但是随着商业的发展，在北宋中期之后，夜市时间也在不断延长，有的夜市直至三更，才五更又开张。甚至一些繁荣的商业区通宵达旦，完全取消了时间限制。

夜市商品种类繁多，东京最热闹的马行街夜市，店铺云集，甚至夹杂着官员宅舍。每到夜晚时分，车马拥挤，人头攒动，繁荣景象可见一斑。

此时，一种集中于寺庙观宇内的贸易市场或定期集市开始形成。开封城的相国寺，不仅是全城最大的寺院，而且也是重要的市场，它的中庭两庑可以同时容纳上万人做生意。

在宋代之后，各地都市的贸易活动都非常发达。

纵横交错——街道与建筑物布局

在春秋战国时期，一些都城之中已经出现了规划整齐的街道。秦朝在修建离宫的时候，虽然长安城的道路有些凌乱，然而主要的街道还是作丁字或十字相交，街道都是直线，采取正东正北的方向通向城门。城中有 8 条主要街道，其中最重要的是贯通南北的安门内大街。安门内大街中间部分皇帝专用的驰道，两侧有沟，沟外两侧还有街道。

早在战国时代邯郸的赵王城和燕下都之时，就已经出现了在中轴线上以宫室为主体布局建筑物的做法，而曹魏邺城的修建使得这种布局更加明确。在此之后，都城大多采用类似棋盘的规则平面布局，而且都会有一条大街横穿城市的中心。这条中心大街相当于城市布局的中轴线，都城中所有的建筑物都是以此为基准，大致对称地分布在两侧。这种城市布局形式造成一种左右对揖朝向正中宫城的气势，使帝王的无上权威充分突显出来，所以，这种形式受到了历代帝王的青睐。其中最为典型的是隋唐长安城和元大都城。明代北京城的内城布局大致就是沿用了元大都的规划。

然而，隋唐长安城和元大都城那种严格整齐对称的形式，只适合那些完全新建的而且地形较为平整的都城，其他改建或虽然是新建但受山丘河流限

古街

制的都城，在采用这种布局的时候还需要具体问题具体分析。

满城春色宫墙柳——绿化与苑囿布局

对于城市绿化，历朝历代都是非常重视的。通常来说，北方以榆树、槐树为主，南方以槐树、柳树为主。在唐朝时期，长安城街道两边槐树成行，所以人们将其称为“槐街”。大诗人白居易有诗云：“迢迢青槐街，相去八九坊。”其就是对这一景观的描述。皇城和宫城内普遍种植梧桐和柳树。而都城的中轴线中心大街的绿化更为讲究：路中设御沟引水灌注，沿沟植树。在隋朝时期，东都洛阳中央街道两边还种植了石榴和鲜花，微风一吹，香气扑鼻，分外好看。

帝都苑囿主要是供帝王将相游玩田猎的。当然，它也是都城中必不可少的重要部分。为了满足统治者田猎游玩的需要，历代都城都在城内城外开辟了大量的沟渠池塘和禁林御苑。

早在春秋战国时期，诸侯国在都城兴建苑囿的风气就已经形成。楚庄王

所筑的层台，吴王夫差所修的姑苏台、海灵宫，其规模都非常大。在秦始皇统一全国之后，在渭河之南开辟了巨大的上林苑，而苑中的离宫别馆规模也是前所未有的。因为秦始皇迷信长生不老之说，所以他在派人求访仙人的同时，还命令人在苑中“作长池，引渭水”，用石块泥土堆砌蓬莱、瀛洲等传说中的东海仙山，开创了人工堆山的先河。

在唐朝时期，最为著名的风景区就是长安城东南的曲江池和芙蓉园。在唐玄宗时又在兴庆坊修建了园林兴庆宫。事实上，在长安城周围有非常多的名胜，如骊山脚下的华清宫、华清池，每到冬天的时候，唐玄宗都会带着杨贵妃去那里避寒。北京、开封、南京、杭州的城内城外也都有规模宏大的林苑。杭州西湖是自然景观，而开封的风景完全是人工制造的。清代用了百余年时间，耗费了巨大的人力、物力和财力建造了西郊风景区。其中圆明园是我国古典园林建筑中的杰作，但是后来被西方侵略者付诸一炬了。

除了众多的皇家苑囿，在都城中还有一些富商所修筑的自然风景的私家园林。例如，西汉长安茂陵的巨富袁广汉建了一座花园宅第，园中构山为石，引水为池，池中又积沙为洲，奇树异草，自然气息分外浓厚。在都城中，私家园林和皇家苑囿交相辉映，共同构成了都城风景区中的一道亮丽风景线。

圆明园

第二章

黄河边的古都——西安

西安在古代时期被称为“长安”，它是举世闻名的世界四大文明古都之一，居中国古都之首，同时也是中国历史上建都时间最长、建都朝代最多、影响力最大的都城。这里孕育了中华文明，同时也代表着中华文化。西安有着悠久的历史，远古时代，“蓝田猿人”在这里繁衍生息；新石器“半坡先民”在此建立部落；公元前 11 世纪，周文王在沣河两岸建立丰、镐二京，这标志着西安作为千年帝都的开始。据资料记载，西安有着 3100 多年的建城史和 1200 多年的建都史，先后有周、秦、汉、唐等 13 个王朝在这里建都，被称为“秦中自古帝王州”。西安曾经是中国政治、经济和文化中心，同时也是最早对外开放的城市。历史上著名的丝绸之路就是以西安为起点。而“世界八大奇迹”之一的秦始皇陵兵马俑则将这座城市雄浑、厚重的历史文化底蕴充分展现出来。其悠久的历史文化和数量众多的文物古迹成为中国，乃至是世界的稀世珍宝。

第一节 秦中自古帝王州

西安，在《史记》中被誉为“金城千里，天府之国”。西安高陵杨官寨遗址的发现，把中国城市历史推进到了新石器时代晚期，同时确定了西安是世界历史上第一座城市。

最早的天府之国——西安

西安是中国建都最早、朝代最多、历时最长的古城，距今已有3000多年的历史。从西周开始，直到唐代，先后有西周、秦、西汉、新莽、西晋、前赵、前秦、后秦、西魏、北周、隋、唐共13个王朝在这里建都，历经1200余年。在中国七大古都中，历史最为悠久的就是西安。1982年，西安成为首批历史文化名城之一。

在公元前202年，刘邦取得政权之后，在长安建立西汉王朝。西汉末年的公元9年，大司马王莽正式称帝，改都城长安为“常安”。在1369年，洪武帝改元代称之的奉元路为西安府，从此出现“西安”这个名称。除此之外，中国历史上著名的农民起义领袖黄巢、李自成也在这里建立过政权。在五代时期，后梁改京兆府为雍州，设大安府，后唐改大安府为京兆府。宋

古都西安

代置陕西路，后置永兴军路。金代改永兴军路为京兆府路。元代曾设陕西、四川行省、行中书省；后改为安西路、奉元路。明代改奉元路为西安府，在1643 年，李自成率农民起义军攻入西安后，曾经把西安改为长安。

作为华夏文明的发源地，西安的历史文化积淀非常厚重。在这里曾经出现很多著名的历史人物和事件，是中华人民共和国国务院颁布的第一批国家历史文化名城。以西安为中心的关中人把其独特的生活方式和民情风俗概括为关中十大怪。而一块清代碑石则记录了关中八景，又称长安八景。

知识链接

关中十大怪与关中八景

关中十大怪分别是：

面条像腰带，锅盔像锅盖；
辣子是道菜，泡馍大碗卖；
碗盆难分开，帕帕头上戴；
房子半边盖，姑娘不对外；
不坐蹲起来，唱戏吼起来。

关中八景分别是：

华岳仙掌，骊山晚照；
灞柳风雪，曲江流饮；
雁塔晨钟，咸阳古渡；
草堂烟雾，太白积雪。

在公元 582 年，隋文帝颁令在汉长安城东南营建新都大兴城。在唐朝建立之后，把大兴城更名为长安。隋唐长安城的建设，自 582 年开始，至 654 年基本结束，前后历时 72 年。唐代长安城布局规划整齐，东西严格对称，分为二大部分，即宫城、皇城和外郭城。其城市结构布局充分将封建社会巅峰

时期的恢宏气魄体现了出来，其影响了中国建筑史和中国都城史。在1862年，太平军陈得才部围攻西安，在三兆、杜曲等地大败清军，这在西安地区播下了武装起义的火种。在1866年，西捻军进入陕西，在西安东郊十里铺大败清军。这几次较大规模的农民起义都是与南京的太平天国起义相对应的，动摇了清王朝在西北的统治。在旧民主主义革命时期，西安人民开始了推翻腐朽反动清朝政府的斗争。

1911年，辛亥革命在武昌爆发后，西安是最早起而响应革命的省会城市之一。陕西革命党人同哥老会联合在10月22日发动起义，经过为期2年的作战终于控制了西安，这不仅推翻了清王朝在陕西的统治，而且还有力地支援了武昌起义，为北方革命高潮的到来做好了铺垫。1919年，“五四”运动揭开新民主主义革命的序幕。当这一消息传到西安之后，爱国学生成立陕西学联，选派代表进京请愿，大声疾呼：“吾陕西学生，素称爱国，高举义旗，焉能后人！振臂而起，誓作北京学生之后盾；登高号呼，唤喊国民之忠忱！”西安的学生运动有力地支持了北京的学生运动。

在1924年至1927年的新民主主义革命第一次高潮中，拥护孙中山革命政权的国民军在1925年把军阀刘镇华逐出陕西，最终控制西安。在1925年10月，西安的第一个中国共产党组织即中国共产党特别支部诞生。当北伐战争推进到华中地区的时候，国民军联军进驻西安。在中国共产党人和国民党左派人士的合作努力下，西安地区革命运动风起云涌。在1927年初，刘含初、史可轩、邓小平等人在西安创办中山学院和中山军事学校，培训大批革命骨干。与此同时，西安的农民运动也如火如荼地开展起来。

“九·一八”事变后东北沦陷，日本帝国主义加紧了对中国的侵略。在民族存亡的危急关头，1936年12月12日，爱国将领张学良、杨虎城以民族大义为重，发动了“西安事变”，向蒋介石实行兵谏，要求“停止内战，一致对外”。最终西安事变的和平解决，促进了第二次国共合作，这为全民族团结抗日奠定了基础。

在抗日战争时期，中国共产党西安地方组织和八路军驻西安办事处的工作人员通过努力，不断巩固和扩大抗日民族统一战线，为最终取得抗日战争的胜利做出了重要贡献。1949年5月20日，中国人民解放军解放西安。5月24日，中国人民解放军西安市军事管制委员会成立，贺龙任主任，贾拓夫、赵寿山、甘泗淇任副主任。5月25日，西安市人民政府成立，贾拓夫任市长、方仲如任第一副市长，张锋伯任第二副市长。在中国共产党和人民政府的领

导下，西安迈入新的历史发展阶段。

在新中国成立之后，西安和咸阳在1966年至1971年为同一城市。在1971年划为两市，西安为副省级，咸阳为地级。现在西安和咸阳正在实现西咸一体化，而且成立了西咸特区，其中包括奥林匹克花园。作为华夏文明的发源地，陕西西安具有浓厚的文化底蕴，是中华人民共和国颁布的第一批国家历史文化名城。作为世界四大文明古都之一，西安具有丰富的旅游资源，而且是著名的世界历史名城。其周围的兵马俑坑被誉为“世界第八大奇迹”，秦始皇陵是最早列入世界遗产名录的中国遗迹，西安古城墙是至今世界上保存最完整、规模最宏大的古城墙遗址。近些年来，随着汉阳陵的开发，其出土的裸体彩俑被誉为“东方维纳斯”。西安主要的人文旅游景点还包括有兵马俑、大雁塔、小雁塔、城墙、钟楼、鼓楼、华清池、陕西历史博物馆、西安碑林博物馆、大唐芙蓉园、大明宫国家遗址公园、阿房宫遗址、乐游原、唐长安城墙遗址公园、曲江池遗址公园、唐大慈恩寺遗址公园、汉阳陵博物苑、大唐西市、书院门、骊山、西安事变旧址、青龙寺、西安半坡遗址、八仙庵、鸿门宴遗址、大慈恩寺、秦始皇军事直道、西周沣西车马坑、蔡文姬墓、周至老县城自然保护区、老牛坡遗址、栎阳城遗址、清真大寺、仙游寺、杨虎城陵园、东渭桥遗址、秦二世胡亥墓、嘉午台、高家大院、湘子庙、财神刘海故里、钟馗故里遗址……同时，也有丰富的自然景观，如西岳华山、终南山、太白山、王顺山、骊山、楼观台、辋川溶洞等风景名胜区，人文山水、古城新姿交相辉映，使古老的西安具有独特的神韵。

西安古都说

西安是中国建都最早、建都最久、建都朝代最多的城市。这座城市浓缩了中国历史的精华：从奴隶制社会的顶峰西周王朝、中国第一个大一统帝国秦、中国第一个盛世王朝西汉到中国封建社会的顶峰唐朝，西安都占有举足轻重的地位。在中国历史上，有21个政权被认为在西安建都。当然，究竟哪些应该称为王朝，哪些王朝的首都是西安，这是一个众说纷纭的问题。目前被官方和史学界公认的说法是13个王朝，也有14朝和17朝等不同的说法。

13朝说中，西安北作为西周、秦、西汉、新、东汉、西晋（愍帝）、前赵、前秦、后秦、西魏、北周、隋、唐等13个王朝的都城，建都达1200余年之久。当然，13朝是目前官方和史学界公认的建朝数。

阿房宫遗址

16朝是在13朝的基础上，加上西汉末年由刘玄建立的更始政权、由樊崇刘盆子建立的赤眉政权和黄巢建立的大齐。17朝是分两种情形：一种在14朝的基础上加上武周，大齐和李自成建立的大顺，第二种是在13朝的基础上加上更始政权、赤眉政权、大齐和的大顺。

在古代，现在的西安与咸阳是一个地方。西安和咸阳是中国地理距离最近的两个城市。西安市的绕城高速公路已修至咸阳市境内，机场从原西安桃园迁至咸阳。在2006年9月，咸阳区号并入西安，与西安共同使用029区号。

早在秦朝时期，那时的都城为咸阳，但是秦始皇修建的阿房宫大部分面积在今西安市境内，兵马俑和秦陵在今西安市境内（位于西安市临潼区）。秦的宗庙在渭河南岸，荆轲刺秦王，就发生在秦章台宫（后来的汉未央宫前殿）；廉颇蔺相如，秦王坐章台。秦代宫殿布局还没有形成宫城、皇城和三大殿的布局。秦咸阳城地跨渭河南北。至西汉和东汉末年董卓、李傕专政时都城均为长安。汉长安是在秦咸阳遗址基础上建立起来的，《史记》："汉长安，秦咸阳也。"张衡《西京赋》云：西汉长安"乃览秦制，跨周法"，《三辅黄图·序》也云："武昭，治咸阳，因以汉都。"《旧唐书地理志》说："京师，故秦之咸阳，汉之长安也。"秦咸阳从惠文王以后，就不断向南扩展，在渭河以南修建了章台、兴乐宫、甘泉宫、信宫、阿房宫及七庙等建筑。刘邦夺得天下后，经娄敬、张良等的劝说，建都长安。修缮秦的兴乐宫而改为长乐宫，在秦章台基础上建未央宫。即汉长安城是在秦都咸阳基础上建立的，说明在都城选址上是汉承秦制的。汉朝宫阙均在今西安市汉城保护区内，位于北二环以北，而汉代的武帝文帝景帝陵墓，在今咸阳市境内。到了唐朝，都城定位长安。长安皇城完全与今西安市重合。唐代帝王陵，如昭陵、乾陵等则大部分在今咸阳市境内。而在唐代，唐十八陵全部在京兆府的辖县内，乾陵是京兆府奉天县。

知识链接

中国古代第一座皇家陵园

秦始皇陵位于陕西省西安市临潼区以东的骊山脚下。根据史书记载，我们可以得知，秦始皇嬴政从13岁即位时就开始营建陵园，其由丞相李斯来主持和规划，大将章邯监工，历时38年，工程非常浩大，气势雄伟。它于1974年被发现，秦始皇是历史上第一个统一中国的皇帝，他殁于公元前210年，葬在陵墓的中心。该陵墓的历史价值非常高。

秦始皇陵是中国历史上第一个皇帝陵园。它的规模和陪葬物都居历代帝王陵之首。按照秦始皇死后照样享受荣华富贵的原则，陵园是仿照秦国都城咸阳的布局建造，大体呈“回”字形，陵墓周围筑有内外两重城垣。到目前为止，陵区内已经探明的面积较大的遗址是寝殿、便殿、园寺吏舍……据史载，秦始皇陵陵区分两部分，即陵园区和从葬区。陵园建外、内城两重，封土呈四方锥形。秦始皇陵的封土形成了三级阶梯，状呈覆斗，底部近似方型。随着风雨侵蚀和人为破坏，底部面积缩小了很多。整座陵园中所使用的建筑材料是从湖北、四川等地运来的。为了防止河流冲刷陵墓，秦始皇下令将南北向的水流改成东西向。

秦始皇兵马俑博物馆坐落在距西安37千米的临潼区城东，是中华人民共和国重点文物保护单位。在世界范围内，秦始皇兵马俑有着较大的影响力。秦始皇兵马俑博物馆是中国最大的古代军事博物馆。其被发掘之后引起了世界的轰动。在1978年，前法国总理希拉克参观后说：“世界上有了七大奇迹，秦俑的发现，可以说是八大奇迹了。不看金字塔，不算到埃及；不看秦俑，不算到中国。”从此之后，秦俑被誉为“世界第八大奇迹”。

在1974年，考古学家在秦始皇帝陵东发现三个大型陪葬的兵马俑坑，而且随后对其进行挖掘和建馆保护。三个坑成品字形，坑内置放与真人马一般大小的陶俑陶马共约7400余件。三个坑分别定名为一、二、三号兵马俑坑。一号坑最大，坑内有6000余陶人陶马，井然有序地排列成环形方阵。坑东端有三列横排武士俑，手执弓弩类远射兵器，好像是前锋部队，其后是6000铠甲俑组成的主体部队，手执各种长兵器，同35乘驷马战车在11个过洞里排列成38路纵队。南北两翼的后卫部队。二号兵马俑坑平面呈曲尺形，是一坐西朝东，由骑兵、步兵、弩兵和战车混合编组的大型军阵。大致可分为弩兵俑方阵，驷马战车方阵，车步、骑兵俑混合长方阵，骑兵俑方阵四个相对独立的单元。其共有1300余件陶俑陶马，80多辆战车，并有大量金属兵器。三号兵马俑坑平面呈凹字形，它与一号、二号坑是一个有机的整体，如同统帅三军的指挥部，出土68个陶俑和4马1车。

西安曲江新区建设的大唐不夜城，已经被打造成了文化商业步行街区。贞观文化广场是其核心部分，由四组文化艺术性建筑组成，即西安大剧院、西安音乐厅、曲江美术馆和曲江太平洋影城。该广场采取立体式设计，通过4个下沉式广场将地面与地下活动场所相联系。贞观文化广场在总体设计中，四个主体建筑以正对大雁塔的南北轴线为空间对称关系，主体空间高度接近的电影院与美术展馆布置在用地的北部，两者的大屋顶均设计为重檐歇山；而音乐厅和大剧院布置在用地的南部，两者的大屋顶均设计为重檐庑殿。在2008年12月初，美国华平投资集团成功进驻大唐不夜城，建设西安新乐汇。在2009年初，西安新乐汇成功招商，4月，大唐不夜城点亮工程启动。

兴庆宫公园位于西安城墙外东南角，因为是在唐代皇宫兴庆宫的遗址上修建的，所以被称为兴庆宫公园。兴庆宫公园是中国最古老的历史文化遗址公园，它靠近百年名校西安交通大学，因为环境较为优美，从2008年开始免费对外开放。

在2008年7月1日正式对外开放的位于大唐芙蓉园西南侧的免费大型娱乐休闲场所，北接大唐芙蓉园，南至秦二世陵遗址。唐大慈恩寺遗址公园位于大雁塔北广场东南侧，在古代唐慈恩寺遗址基础上改建而成。大雁塔北广场位于西安市南郊的大雁塔北广场，内有亚洲最大的音乐喷泉，每天晚上都会向观众呈现壮观的喷泉盛会。

大唐芙蓉园位于西安市曲江新区的大唐芙蓉园，是西北地区最大的文化主题公园，它建在原唐代芙蓉园遗址的北面，是中国第一个全方位展示盛唐风貌的大型皇家园林式文化主题公园。在建筑规模上，园内唐式古建筑属于全国第一，是世界上最大的建筑群，它将唐时期的所有建筑形式都集中起来。大唐芙蓉园拥有全球最大户外香化工程，是全国最大的仿唐皇家建筑群。在历史上，芙蓉园是久负盛名的皇家御苑。大唐芙蓉园被誉为“中华历史之园、

精神之园、自然之园、人文之园、艺术之园”以“走进历史、感受人文、体验生活”为背景，将大唐盛世的灿烂文明充分展示出来。

第二节 倒退时光看西安

从公元前约 11 世纪至公元 9 世纪末，西安曾长期是古代中国的政治、经济与文化中心，而且历来都成为地方行政机关。在多数朝代，西安属于郡府级建制。在 1928 年，西安首次设市，1948 年由省辖市改为国民政府行政院辖市。

镐京——西周时期的西安

西周时期的都城被称为镐京，位于今西安市长安区西北。当时又被称为西都、宗周，周武王即位后，由丰迁都镐京，《诗·大雅·文王有声》篇有："考卜维王，宅是镐京。"西周末年迁都洛邑。西周在丰、镐建都历时 289 年。

西周（公元前 1046—前 771 年）是由周文王之子周武王姬发灭商后所建立，当时定都于镐京。由于周朝后来将都城东迁洛邑（今河南洛阳）称东周，所以称这一时期的周朝为西周。西周共传 12 王，历时 275 年。

周的先祖起源于黄帝族，夏朝时周人的首领是帝喾元妃姜嫄的儿子弃，即“后稷”，负责管理农事，其氏族是一个善于农业耕作的部落，这大大促进了氏族经济发展。商朝初年，弃的后代公刘率族人从邰迁到豳。古公亶父时，又迁到岐山南边的周原，自称为周。周武王牧野一战打败商纣，建立了周朝。周朝是中国远古社会的鼎盛时期。

知识链接

西周开朝先祖周文王

周文王，也就是殷商西伯，又称周侯，周季历之子，姬姓，名昌。在先秦时期，贵族是有姓氏的，男子称氏、女子称姓。所以，虽然周文王是姬姓，但是并不叫姬昌。在东汉时期，“姬昌”一说开始成型，后世称文王为姬昌。后来，根据伏羲氏的研究成果继续演绎易经八卦，他是西周奠基人。季历死后由他继承西伯侯之位，又称伯昌。他在位 50 年。在商纣时期，建国于岐山之下，因崇侯虎向纣王进谗言而被囚禁。因为其较为贤明，所以后来被追尊为文王。

文王作丰，武王治镐

古公亶父，后来追封为太王，历二世西伯立，是为文王。史载文王勤于政事，敬老爱少，礼贤下士，广罗人才，吸引了各路诸侯，软、硬实力强劲。适遇殷纣王在位，暴虐无道，昏庸好色，妒贤忌能，听不得不同意见，以致人心涣散。文王乘机扩充势力，向东发展，消灭了依附殷纣王的崇国，在沣水西岸营建都邑，称为丰，都城从岐下的周原迁移到这里。《诗经·大雅·文王有声》：“既伐于崇，作邑于丰。”就是指这一历史事件。但是文王在迁都后第二年就死去，接班人武王继续文王未竟事业，联合各地诸侯，大举兴师，东进伐纣，灭掉商朝，统一全国，是为西周。大概在灭商前后，武王“考卜维王，宅是镐京”，根据占卜的结果，决定再建新都镐京，因诸侯朝宗于此，又称宗周。丰、镐隔河相望，相距只有 25 里。镐京建成以后，丰京并没有废弃，如武王的儿子成王曾在这里嘱咐他的叔父召公营造洛邑；他从东伐淮夷归来，相传在丰京写成了记载官制的著作《周官》（《史记》语）。

丰、镐是西周一代政治中心，建有许多园苑，园内有茂林深草，动物成

群，鸟兽鱼鳖，种类繁多，风景优美，建筑壮丽，见于记载的有灵囿、灵台、灵沼等。

经过三千多年的风霜，丰、镐地面建筑早已荡然无存，它的准确位置遂成千古之谜。20 世纪以来，经过长时期的考古调查，结合文献资料，大致确定丰京故址在今西安市长安区沣水西岸的马王镇一带，周围 8 ~ 10 平方千米；镐京故址在今沣水东岸的斗门镇一带，周围约 5 平方千米。在这里发现有大建筑群遗址、完整的地下排水管道、殉葬的车马坑、青铜器窖藏等。1961 年该地区被定为全国重点文物保护单位。

丰、镐长期是西周的文化中心。当时虽然仍是青铜器时代，但是铸造技术有了提高，使用比较普遍，不但铸造祭祀用的礼器和军事上用的兵器，而且还有铜镜等日常生活用品。铜器铭文也显著增加，商代晚期最长的铭文不超过五十字，西周早期最多的近四百字，因为还没有发明纸，长篇铭文等于是一篇文书。西周继承夏、商文化，在天文、历法、数学、医学、史学、文学等方面，都比以前进步。例如我国最早正确的历史纪年、日蚀和地震记录，都出现在西周时代，现存《尚书》《诗经》中的不少篇章，也是西周时期的作品，有一些可能是在丰、镐完成的。商人迷信鬼神，尊重神权，周人也相信天命，但程度上已有很大的改变。辅佐成王的周公就说过这样的话：天命是靠不住的，还是民意重要。西周早期的统治者比较开明，轻天重人，以民为本，这是时代前进的表现。

文王后十二世为幽王。周幽王是历史上有名的昏君，他爱听好话，任用善于阿谀奉承的佞臣，造成臣下报喜不报忧，是非颠倒，出现“小人在位，君子在野”的不正常现象，政治上十分黑暗，引起人民强烈不满。他宠爱妃子褒姒，褒姒虽然有倾城倾国的美貌，但是难得一笑，幽王竟不惜点燃用于军事报警的烽火，以换取她的欢心。各地诸侯见烽火燃起，纷纷率兵来救，却不见敌人，褒姒见此情形，终于露出了动人的笑容。幽王视国家大事为儿戏，失信于诸侯、百姓，后来西北的少数民族犬戎才得以长驱直入，杀幽王于骊山（今西安市临潼区南）。诸侯便立太子宜臼为平王，公元前 770 年，平王东迁雒邑（今河南洛阳市），史称东周。至此，丰、镐作为西周都城，终告结束，前后三百多年。

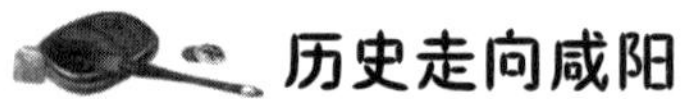历史走向咸阳

当年秦王嬴政并吞六国，统一中国，创立封建秦王朝，建都于咸阳。几千年来，风风雨雨，古都沧桑，1949 年 6 月咸阳解放，先是一个县的建制，后又有了地区专署，20 世纪 60 年代一度曾归属西安市管辖，80 年代将原咸阳市改为秦都区，成立新的咸阳市机构，再后来，又从秦都区中划分出一个新区至渭城区。至此，咸阳市管辖 14 个县、区。

秦都咸阳在中国古代都城史上的地位是不言而喻的，它既是秦在战国后期的都城，也是秦统一后的都城，直接影响了汉代长安城及以后都城的修建，具有承上启下的作用。1976 年，刘庆柱根据调查钻探和发掘资料，结合文献记载，首先界定出秦咸阳城的大致范围："东自柏家嘴（若包括兰池宫遗址应自肖家村），西至毛王沟；北由高干渠，南到西安市草滩农场附近（即秦代渭河北岸，由于河道变迁现已变成渭河南岸）。都城东西 6 千米，南北 7.5 千米。"后来刘庆柱又作了进一步的补充和修正："秦咸阳城的范围东自柏家嘴村，西至长陵车站附近，北起成国渠故道，南至汉长安城遗址。以北约 3275 米（因渭河北岸距汉长安城遗址北部约 6500 米，估计原来秦咸阳城南部约有南北 3225 米宽的地段已被河水冲毁）推断秦咸阳城东西约 7220 米，南北约 6700 米。"同时他又认为"渭河南岸的秦宫建筑是秦咸阳城的外延，以后构成秦都咸阳的重要组成部分"。王学理先生在《咸阳帝都记》中指出，咸阳作为秦帝国的首都，范围确实很大。其市中心至少包括了今西安市北部、西部和咸阳市东窑店乡之间渭河两岸的广阔地域。渭北区以长兴到三义为东西区间，北起咸阳塬的二道塬腹部，往南跨越渭河，至阿房、汉城、灞西一线，构成市中区；郊区延伸颇远，西北到今咸阳市东郊的塔儿坡、市北的"公陵"，东南可达今临潼县西韩峪乡秦芷阳故地。南北长 19 千米，东西斜跨约 63 千米，现代著名历史地理学家史念海先生也指出："咸阳最初是在渭河北岸兴建的但后来却越过渭河，向南岸有所扩展，实际上整个城市是横跨渭水两岸的。"所以说秦朝当时的咸阳不是现在西安的全部。

咸阳是中国著名古都之一，是历史悠久的文化古城。古时，周人曾在咸阳一带长期活动，修筑城邑，发展经济，留下了许多遗迹。公元前 350 年秦孝公将国都迁到咸阳，秦王嬴政在此建立了中国历史上第一个中央集权制的多民族政权至封建帝国秦王朝。周、汉、唐等 11 个朝代也都曾把咸阳作为都

城或京畿之地，成为中国当时的政治、经济、文化中心。在中华民族五千年的文明史上，咸阳闪烁过灿烂的光辉。

知识链接

项羽未烧阿房宫

在2007年的考古行动中，阿房宫考古队仍然没有发现与阿房宫有关的遗迹。也就是在这一年，考古人员到阿房宫前殿遗址的地方向北进行继续勘察，最终发掘了后围寨遗址、好汉庙遗址、秧歌台遗址等，而且这些也都被证实是属于战国秦上林苑建筑遗址。其调查结果再次证明了，秦朝的阿房宫只是一个半拉子工程，并没有真正建成。这说明《史记·秦始皇本纪》所记载的“乃营建朝宫渭南上林苑中，先作前殿阿房，东西五百步，南北五十丈，上可以坐万人，下可以建五丈旗……”的宏伟规模只是在图纸上的设计，并没有真正实施和建设。当然，在此情况下，项羽火烧阿房宫只是历史误传罢了。

西汉长安城的繁华

汉长安是在秦咸阳遗址基础上建立起来的，在惠文王之后，秦咸阳正在不断向南扩展，而且在渭河以南修建了一系列的建筑，如章台、兴乐宫、甘泉宫、信宫、阿房宫及七庙等。在刘邦夺取天下之后，经过张良等人的劝说，建都长安。而且对秦朝所修建的兴乐宫进行了修缮，并改名为长乐宫，在秦章台基础上建未央宫。也就是说汉代的长安是在秦朝都城咸阳基础上建立起来的，说明在都城选址方面是汉承秦制。汉朝宫阙都在现在西安市汉城保护区内。而汉城则是在惠帝在位时修建；隋城筑于文帝时，号大兴城，包有现在的西安城和城东、南、西一带。

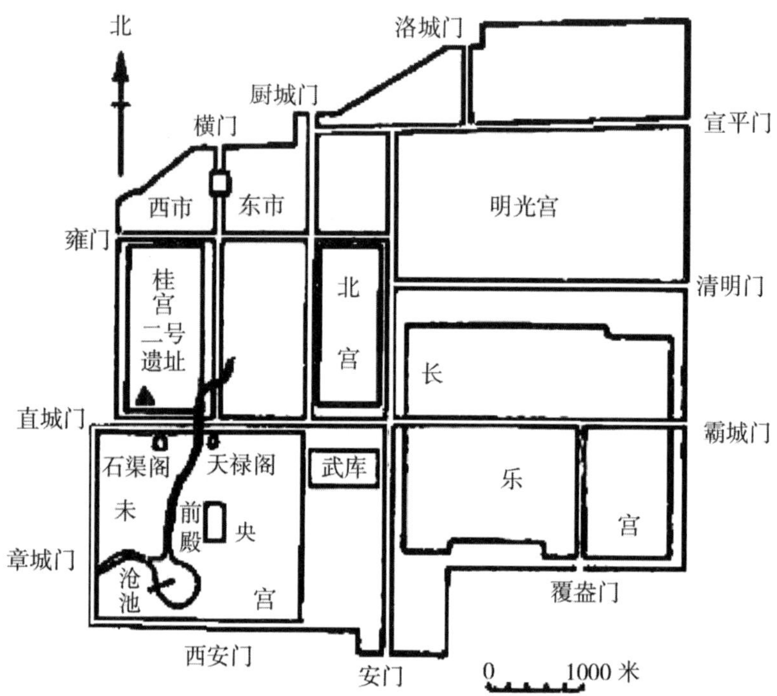

陕西西安汉长安城遗址复原平面图

西汉都城长安是当时全国的政治、经济和文化中心。在西汉之后，新莽、东汉（献帝）、西晋（愍帝）、前赵、前秦、后秦、西魏、北周、隋等相继以汉长安城为都，直到公元 582 年迁都大兴城，历时近 800 年。在公元前 202 年，汉朝对秦朝遗留下来的兴乐宫进行了修缮并将其改名为长乐宫，而且也把都城迁到了这个地方。萧何又主持修建了太仓和武库。在公元前 194 年开始修建长安城墙。在公元前 104 年兴建北宫、桂宫、明光宫、建章宫，开凿昆明池和上林苑，历时 90 年。城墙全部用黄土夯筑而成，墙外有壕沟。由于城墙是在长乐宫和未央宫建成之后再修建的，所以为了迁就两宫的位置和城北渭河的流向，把城墙建成了不规则的正方形，缺少西北角，西墙南部和南墙西部向外折曲，在过去的时候称长安城为“斗城”。

全城共有 12 个城门，每门 3 个门道。东面自北而南为宣平门、清明门、霸城门，南面自东而西为覆盎门、安门、西安门，北面自西而东为横门、厨城门、洛城门，西面自北而南为雍门、直城门、章城门。城内主要建筑群有

长乐宫、未央宫、北宫、桂宫、武库……未央宫由前殿、椒房殿等40余个宫殿组成。

在公元前202年，刘邦开始修建长乐宫。公元前200年，刘邦命萧何建造了未央宫，也就是在这一年将都城迁到这个地方。因为地处长安乡，所以命名为长安城。城墙从公元前194年开始修建，在公元前192年达到高潮，于公元前190年建成。在汉武帝即位之后，又对长安城进行了大规模扩建，并建立了很多宫殿，在城南开太学，在城西扩充了秦朝的上林苑，开凿昆明池……从此之后，汉长安城的规模逐渐形成。

在西汉长达200余年历史中，长安一直是全国的政治、经济和文化中心。同时也是丝绸之路东端的起点。在公元2年时，长安城成为中国历史上第一座规模庞大、居民众多的城市。在西汉末年，因为战火频仍，所以长安城被毁。到东汉时定都洛阳，以长安为西京。在汉朝末年，在洛阳被董卓纵火烧毁之后，汉献帝曾迁回长安居住。此后的西晋末年、前赵、前秦、后秦、西魏、北周等政权也都将首都设在这里。在隋朝初年，因为隋文帝认为汉长安城太过于狭小和破旧，所以就命令宇文恺在东南方兴建新的都城。在583年迁都大兴城，自此标志着汉长安城被永久地废弃了。

汉长安城的平面呈方形，然而其并不规整，被称为“斗城”。城墙全部用黄土夯砌而成。据实测，东墙长6000米，西墙长4900米，南墙长7600米，北墙长7200米，合计25700米。城内面积约36平方千米，相当于同时期罗马城的四倍。城墙四面各开三座城门，南墙中为安门，东西两侧为覆盎门和西安门；北墙中为厨城门，东西两侧为洛城门和横门；东墙中为清明门，南北两侧为霸城门和宣平门；西墙中为直城门，南北两侧为章城门和雍门。每座城门都有三个门道，合计十二门、三十六门道，与张衡《西京赋》所述“方轨十二”“三涂洞开”等不相矛盾。一般情况下，门道宽约8米，相当于当时四个车轨的距离。城门上原有木构门楼，但是在西汉末年被焚毁。

城内的大街都与城门相通。主要街道有8条，而且它们相互交叉。其中最长的是安门大街。道路以水沟间隔分成三股，中间为御道，其专供皇帝通行，两侧的边道供官吏和平民行走。为了美化环境，在道路的两旁再种植了各种各样的树木，所谓是绿树茵茵。

汉长安城内的各种建筑约占全城面积的一半以上。例如，宫殿集中在城市的中部和南部，有长乐宫、未央宫、桂宫、北宫和明光宫……贵族宅第分布在未央宫的北阙一带，称作“北阙甲第”。居民区分布在城北，由纵横交错

的街道划分为160个“闾里”。而著名的“长安九市”就位于西北角上，通过横门大街相隔，分成东市三市和西市六市。东市是商贾云集之地，西市则密布着各种手工业作坊。通过考证发现，汉长安城的布局和形制与《周礼·考工记》中“匠人营国，方九里，旁三门。国中九经九纬，经涂九轨。左祖右社，面朝后市，市朝一夫”的记载是基本一致的。它将所有的区都集中在一座城市中，后世的都城都延用了这一形式。

汉长安城交通便利。从城门通往城内的每条大街都是“披三条之广路”，在一条道路上，12辆马车可以并排行驶，可见道路是非常宽阔的。文献记载：“汉长安城中有八街九陌。”据《长安志》记载：长安城中的8条大街，分别是华阳街、香室街、章台街、夕阴街、尚冠街、太常街、藁街和前街。而且这些街道在其他史书中也有记载。

汉长安城的交通便利是无可厚非的，但是有一点需要解答，那就是既然史载12座城门每座都有一条大街通往城内，但是为什么又惯称为八街呢？经过勘察发现，因为未央宫和长乐宫占据城内西南隅和东南隅，而未央宫南宫墙距南城墙只有50米，西宫墙距西城墙只有30米，所以由霸城门、覆盎门、西安门、章城门通向城内街道受到两宫的阻碍，最终形成4条短街。原先的12条街去除这4条街，正好是8条长街。古代文献只称“八街”，因为这4条街太短，而且又直接通往皇宫，所以可以忽略。“九陌”是指汉长安城通往城郊区的9条大道。当时汉长安城不仅人口众多，而且经济发达，所以，从城内8条大街通往郊区的大道都是交通要道。除此之外，章城门外的便门桥大道，由于在公元前138年“于此道作桥跨渭水以趋茂陵”，而当时的茂陵地区经济非常发达，是五陵邑之冠。所以，虽然便门大桥与章城门内的短街相接，但是仍然是汉长安城通往郊区的重要街道。与上述的安门、清明门、宣平门、洛城门、厨城门、横门、雍门、直城门等8个城门相通的8条城外大道，加上章城门外便门桥大道，也就是文献上所说的“长安九陌”。

另外，汉长安城的交通还沿袭了秦代的驰道制度。驰道是皇帝专用的道路，同时也被称为“御道”。从长安城门通往城内的大街都是三途并列，而中间的一条就是皇帝专用的道路。汉代所制定的驰道禁令非常严格，任何人都不能在驰道上行走或者是逾越，即使是皇太子也不行。如果是得到特许的可以使用驰道的诸侯，他们也只能在驰道边沿行车，“无得行中央三丈”。当然，获得这种特许的只能是诸侯本人，其随行人员是不被包括在内的。如果违反了这项规定，轻者没收所乘用的车马，重则坐罪国除。据《汉书·江充传》

载：身为帝姑的馆陶长公主有一次乘车行驶道中，适遇负责“督三辅盗贼，禁察逾侈”的直指绣衣使者江充，“充呵问之，公主曰：‘有太后诏。’充曰：‘独公主得行，车骑皆不得。’尽劾没入宫”。

长乐宫位于汉长安城的南隅，也被称为东宫，它是在秦朝的兴乐宫基础上改建的。在汉朝初年，刘邦从栎阳城徙居到这里受理朝政。在惠帝之后改为太后的居所，在西汉末年，因为战火频仍，而被焚毁。西汉末年毁于兵火。宫内主要有前殿、临华殿、长信宫、长秋殿、永寿殿、神仙殿、永昌殿和钟室等 14 座建筑。宫墙四面各有一门，东门和西门外都有阙。

未央宫在城的西南隅，被称为西宫，它是皇帝举行朝会的地方。后世很多朝代的皇帝都曾在此处理朝政，是中国历史上最有名的宫殿之一。隋唐时期，未央宫被划入唐长安城的禁苑。在唐武宗的时候进行重新修建，所以我们现在所看到的遗迹是那个时候保留下来的。

未央宫的平面接近正方形，四面筑围墙。宫城四面各辟一门，在东门和北门外立阙。宫内有很多建筑。其中最高大的是前殿，其位于全宫正中，是利用丘陵建造的。其他建筑还有温室、凌室、织室、曝室、天禄阁、石渠阁、宣室殿、麒麟殿、椒房殿、金华殿、承明殿、高门殿、白虎殿、玉堂殿、宣德殿、朝阳殿、柏梁台以及鱼池、酒池……各个殿之间都通过“复道”相通。

在长乐和未央二宫之间有一座武库，其平面呈长方形，四周筑墙。墙内有 7 个仓库，每库分为 4 个库房。在库房中都有排列整齐的兵器木架，但是现在已经朽坏。在公元前 199 年，这座武库由丞相萧何营建，是当时全国的武器制造和贮藏中心，其军事地位非常高。在西汉末年被焚毁。

而城中其他三座宫殿都是后妃们居住的地方。桂宫位于未央宫北，靠近西墙，平面为长方形。明光宫在长乐宫北，具体位置现在并不是特别确定。其正殿遗址被后世的多种建筑叠压，所以被称为楼阁台。北宫位于未央宫以北，其具体位置也不明。根据记载，我们可以得知，各个宫殿之间都是通过飞阁与地面复道相连，这样可以防止外人看到。近些年来，考古学家在宫城内外进行了各种考古活动，出土了大量的文物，其史料参考价值非常高。

上林苑是一组巨大的宫廷御苑群，它位于长安城西，在秦代的时候就已经存在。在公元前 138 年，进行了大事扩充和改建。据《汉旧仪》和司马相如《上林赋》的记载，苑内豢养百兽。除此之外，还有其他很多机构，如训练水军的昆明池，种植蔬菜的温室，铸钱场所“上林三官”……在东

汉时期，上林苑被废弃。建章宫是上林苑中最主要的建筑，它与未央宫隔衢相望，而且通过飞阁相互连接。由于并未受到城墙的限制，因此其宫城的规模非常庞大，豪华程度也不逊于未央宫。宫墙南面开正门阊阖门，门内有别凤阙。北门和东门外也分别有阙，名北阙和凤阙，现在仍可以看到古时的遗迹。

建章宫建于公元前 104 年，它是由一系列的宫殿阁楼组成，如前殿、骀荡宫、松诣宫、天梁宫、奇华宫、鼓簧宫、井杆楼、太液池……它是西汉最为豪华宏伟的离宫别馆，被称为“千门万户”。它的前殿高于未央宫，与未央宫之间架有飞阁辇道。内殿中有 12 道门，台阶全用玉石铺砌，堂上建黄金楼屋、顶饰铜凤。建章宫北边是太液池，池中“有蓬莱、方丈、瀛洲、壶梁，像海中仙山”。同时，池畔中还有各种水生植物。

为了训练水军，汉武帝在上林苑内开凿了昆明池。现在我们所看到的是一片洼地。池中有一高地是当时的岛屿，其应该是豫章馆所在的地方。东西两岸有牵牛、织女石像，现在仍然保存完好。池畔还有多处建筑物的基址。

在王莽执政的时候，把长安改名为常安，而且根据儒家传统的礼制观念和汉代流行的阴阳五行学说，在城南郊兴建了一系列的礼制建筑。到目前为止，能够辨认的就属辟雍和九庙的遗址。辟雍的平面外圆内方，中为一圆形夯土台，其主体建筑呈“亚”字形。其周围是夯土围墙，四周辟门，墙外还有圆形圜水沟。九庙遗址有 12 处基址，其中 11 处被一堵方形围墙包围，另一处在南墙的外侧中部。其所有的基址都有相同的形制。汉长安城周围，特别是北墙附近分布着很多制陶、铸钱和冶炼的作坊。其中规模最大的是 1994 年发现的上林苑兆伦铸钱遗址，它是西汉时期国造币中心“上林三官”。其遗址位于今陕西省户县大王镇南兆伦村。遗址的南部多瓦砾，其北堆积着各种坩埚残块、铜渣、灰堆……据文献记载，这里曾诞生过“五铢钱”。

汉长安城现属西安市未央区管辖，城域分属汉城、未央宫、六村堡、三桥四个街道办事处，分布着 54 个行政村。到目前为止，汉长安城中已经基本没有保留汉代宫室等地面建筑，只有零星存在于田野上，遭受自然风化和人为破坏。清明门遗址至安门遗址段的护城河故道及古漕运河道甚至被改建成超大型露天污水库，其主要是承受和处理来自西安市区的污水，使得古城遗址被污水和垃圾所包围。根据西安市政府发布的信息，如果对这个污水库进行综合整治，可以形成清水库。

虽然早在 1961 年，汉长安城遗址就被中华人民共和国国务院公布为第一

批全国重点文物保护单位之一，但是并没有采取有效的保护措施。随着经济的不断发展和人口的不断增加，汉长安城的开发受到越来越多的压力。为保护文物，汉长安城区域长期处于禁止开发状态，为此，遗址内的居民做出了很大牺牲，即生活水平要远远低于区外。部分居民为了求得更好的发展，不惜破坏文物，这也大大增加了文物保护的障碍。

知识链接

俯视长安城的大雁塔

大雁塔始建于公元652年。为供奉从印度带回的佛像、舍利和梵文经典，玄奘法师在慈恩寺的西塔院建起一座五层砖塔。后来重建于武则天长安年间。大雁塔在唐代就是著名的游览胜地，留下了很多文人雅士的题记。

大雁塔是楼阁式砖塔，塔通高64.5米，塔身为七层，塔体呈方形锥体，由仿木结构形成开间，由下而上按比例递减，塔内有木梯可盘登而上。每层的四面各有一个拱券门洞，可以凭栏远眺。整个建筑气势恢宏，造型简单但是较为稳重，比例适度，格调古朴典雅，是保存比较完好的楼阁式塔。当站在大雁塔上的时候可以俯视整个西安古城。

大雁塔

号称“天下第一福地”的西安楼观台是中国著名的道教胜迹，同时也是道教的发源地之一，它位于陕西省西安市周至县东南15千米的终南山北麓，其风景秀丽，古籍赞美它："关中河山百二，以终南为最胜；终南千峰耸翠，以楼观为最名。"楼观台不仅有周秦遗迹、汉唐古迹，而且还有优美的自然风光。古迹主要有老子说经台、尹喜观星楼、秦始皇清庙、汉武帝望仙宫、大秦寺塔以及炼丹炉、吕祖洞、上善池……自然风光以森林见长。因为这里依山傍水，将自然与人文融合在一起，所以是人们避暑度假的理想之地。其中老子墓、大秦寺塔为省级重点文物保护单位。

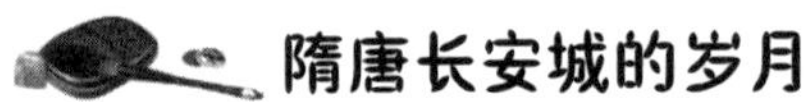

隋唐长安城的岁月

唐长安城是隋朝时期的大兴城。其在隋朝建立，在唐朝时改名为长安城，是隋唐两朝的首都，是中国历史上规模最为宏伟壮观的都城。而且其曾经也是世界上规模最大的城市。为了体现统一天下、长治久安的愿望，在修建都城的过程中包揽天时、地利与人和的思想观念。为了容纳更多的人口和迁徙江南被灭各国贵族以实京师的宏伟计划，将长安城建成了面积达 84 平方千米，是汉长安城的 2.4 倍，明清北京城的 1.4 倍。其甚至比同时期拜占庭王国都城大 7 倍，是当时世界上的大城之一。

唐长安是一个长方形。根据考古实测发现，从东墙的春明门到西墙的金光门之间，东西宽为 9721 米。从南墙的明德门到北墙的玄武门偏东处之间，南北长为 8651 米。东西比南北长出 1070 米，周长约 35. 5 千米，面积 84 平方千米。长安城由三部分组成，即外郭城、宫城和皇城，城内人口较多，经济发达。在唐朝建立之后，统治者对唐长安城进行了各方面的修葺，使得城市布局更趋合理化。龙首原上大明宫的建立，使得唐王朝统治占据更加有利的位置。当站在龙首原上，可以俯瞰全城。唐朝末年迁都洛阳后，长安城被拆毁，其遗址位于现在陕西省西安市的大片地带。

长安城（外郭城）开 12 座城门，南面正中为明德门，东西分别为启夏门和安化门；东面正中为春明门，南北分别为延兴门和通化门；西面正中为金

光门，南北分别为延平门和开远门；北面的中段和东段分别与宫城北墙和大明宫南墙重合，西段中为景耀门，东西分别为芳林门和光化门。除正门明德门有5个门道外，其余各门均为3个门道。明德门原有台阁式门楼建筑，在唐朝末年的时候被朱全忠焚毁。

宫城位于郭城北部正中，平面为长方形。城四周有围墙，南面正中开承天门，东西分别是延喜门和安福门，北墙中部开玄武门。宫城分为三部分，正中为太极宫，称作“大内”，东侧是东宫，是太子居住的地方，西侧是掖庭宫，为后宫人员的住处。现在我们在西安城中所发现的土岗多是大兴宫遗址。

皇城也是长方形，它位于宫城以南，其东西与宫城等长。城北与宫城城墙之间有一条横街相隔，其余三面辟有5门：南面三门，中为朱雀门，两侧为安上门和含光门；东西面各一，分别为景风门和顺义门。南面正中的朱雀门是正门，向南经朱雀大街与外郭城的明德门相通，向北与宫城的承天门相对，构成了全城的南北中轴线。

隋唐长安城的中轴线是朱雀门大街，也被称为承天门大街。南端从外郭城正中的明德门开始，往北穿过皇城正南门朱雀门、宫城正南门承天门，其贯穿全城南北。而全城也被南北和东西向大街划分成若干个棋盘格。全城以朱雀门大街为中界，分为东西两部分，东属万年县，西属长安县。太极宫坐落在中轴线北端。皇城中百官办公的衙署都以朱雀门大街为轴并列对置。皇城东南角有太庙，西南角有社稷坛。居民区也以朱雀门大街为轴，分成东西相等的两部分。皇城及宫城东西各12坊，皇城以南朱雀门大街东西各43坊。商业区“市”也分为东市和西市，分属万年县和长安县，分列东西两侧。

在1996年，隋大兴、唐长安城遗址被中华人民共和国国务院公布为第四批全国重点文物保护单位之一。

在公元581年2月，杨坚受禅代周称帝，国号为大隋。因为杨坚是以北周旧臣建立的新王朝，所以隋初仍以汉长安城为都。但是这只是暂时的，因为这座旧城已经不适合大一统王朝的需要。首先，汉长安城历时已久，其各方面的基础设施建设已经满足不了国家和人民的需要。其次，汉长安城北临渭水，因为渭河南北摆动不定，所以随时都有可能淹没都城。据《隋唐嘉话》记载：“隋文帝梦洪水没城，意恶之，乃移都大兴。”所以杨坚决定在龙首原南坡另建一座新城。从公元582年起，隋文帝命令宇文恺建立新的宫城和皇城。在583年，隋王朝迁至新都，由于隋文帝在早年的时候被封为大兴公，所以就将其称为大兴城。在隋炀帝即位之后，开凿运河连接大兴和扬州。在

613 年，在宫城和皇城以外建造了外郭城，自此，城市的总体格局基本形成。

在李渊带兵攻占大兴城建立唐朝之后，在此定都，并改名为长安，改大兴宫为太极宫。由于太极宫地势较低，而长安城的气候盛夏气温很高，所以住在这里非常闷热，于是李世民选定在长安城北禁苑中的龙首原高地，营造大明宫。后来，唐高宗又以未完成的大明宫为基础，进行再建。太极宫很快就被大明宫所取代。在中唐时期又修建了兴庆宫。

在唐代时期，长安城的经济和文化都得到了迅速发展。在盛唐年间，长安城已是当时世界上最大最繁华的国际大都市之一。安史之乱后，长安城逐渐衰弱。在唐朝末年，黄巢攻入长安，使城市的基础设施遭到了严重破坏。在 904 年，朱全忠挟持唐昭宗迁都洛阳，在毁坏宫殿的同时将房木也运走了。后来，驻守长安的佑国军节度使韩建认为城广人稀，对防守极为不利，所以开始对城市进行改建，缩为“新城”，也就是五代、宋、金、元的长安城。从那之后，隋朝的大兴城，唐朝的长安城被宣告废弃。

长安城有三座主要的宫殿，即太极宫、大明宫和兴庆宫，其被称为“三大内”。

“大内”就是宫城中的太极宫，在隋朝和唐朝初期，它是皇帝居住和朝会的地方。太极宫内由南向北分为三块区域，即前朝、后寝和苑囿。前朝的正殿为太极殿（隋称大兴殿），它是一个巨大的宫苑，四周有廊庑围成，东西两侧建有衙署。后寝的主殿是两仪殿，其周边还有其他一些殿堂。苑囿位于宫殿最后部，有亭台池沼等，其北的宫墙上有玄武门，这里曾经发生过历史上著名的玄武门之变。由于太极宫是隋文帝所建，因此其在装饰方面都较为简朴。在唐高宗即位之后，因为感觉这里非常潮湿，所以就到大明宫居住。

大明宫位于太极宫东北方的龙首原高地上，站在上面可以俯瞰整座长安城。宫殿建于 634 年，从唐高宗开始，之后的历代皇帝都是在这里居住和处理政事的，所以被称为“东内”。宫城为中轴对称格局，前部由丹凤门、含元殿、宣政殿、紫宸殿等组成前朝的南北中轴线，后部以太液池为中心组成内庭，分布着数十座殿宇楼阁。大明宫东是“三大内”中最大的一座。

兴庆宫位于外郭城的东部，它本来是唐玄宗早年任临淄王时的藩邸，在 714 年改名为兴庆宫。在 726 年进行扩建，合并周围的邸宅和寺院，在 728 年竣工，称为“南内”。在 754 年又筑宫墙和城楼，最终形成了一座小型的城堡。与此同时，在外郭墙建造了一道夹城，它北至大明宫，南至芙蓉园，其为宫内人员进行潜行提供了方面。唐玄宗和杨贵妃曾经在这里长期居住，在

盛唐之后，兴庆宫的地位逐渐降低，最终成为安置太上皇和太后的场所。兴庆宫的规模在“三大内”中最小。宫墙四面设门，正门兴庆门在西墙偏北处。宫内以园林为主，其布局并没有采取中轴对称的方式，所以具有离宫的性质。其南部主要是龙池，周边有各种亭台楼阁。在北部则有一组宫殿。唐末兴庆宫毁于战火，1958 年遗址改造为公园，而且还修建了阿倍仲麻吕纪念碑。

外郭城内有 8 条南北向大街，14 条东西向大街。在这些街道的两边都有排水沟，而且还种植各种树木。其中通往南三门和连接东西六门的六条大街是主干道，其宽度大都在百米以上。最宽的是朱雀大街，它宽有 155 米，它是城市的南北中轴线，以此为界线，城东属于万年县，城西属于长安县。这些纵横交错的道路将外郭城分作了 110 坊。各坊面积不一。每座坊的四周都筑有围墙，大坊一般开四门，内设十字街，小坊则开东西两门，设一横街。各坊均采取封闭式管理，坊门有卫兵把守，在晚上的时候是禁止举行宴会的。

长安城中遍布着佛寺和道观，其占地面积非常大。其中著名的佛寺有慈恩寺（大雁塔）、荐福寺（小雁塔）、青龙寺……通过考古发现，城内有许多隋唐窑藏，其中何家村出土的 271 件金银器是新中国成立以来，出土唐代金银器数量最多、价值最高的一批。

外郭城内有东市和西市两座市场，各占两坊之地。两市大小几乎完全相同。市场有围墙，开 8 扇门，内有井字形街道和沿墙街道，将市内分为 9 区。每个区都四面临街，街道上设有各种店铺和作坊等。长安城的商业大都集中在这两座市场，当然其他各坊内也有一些商业设施，但是较为零散。

长安城内主要有四条沟渠，即龙首、清明、永安和漕渠，它们分别从东南西三面引渭河的支流入城，为人们提供生活用水和环境用水。前三渠开凿于 583 年，漕渠开凿于 742 年。

从总体上来说，隋大兴与唐长安城都是中轴对称的格局，在其设计过程中参考了邺城和汉魏洛阳城的布局。在建设城市的过程中还附会《易经》中“乾卦六爻”的说法，根据龙首原分为六条岗地的特点，而且安排功能各不相同的建筑。除此之外，在城市的边缘规划了园林区，不仅美化环境，而且还成为民众游览胜地，别有一番趣味。

唐长安城的形制是中国古代城市、特别是都城建设的典范。历代的很多文人都对其进行了考证，并有著述，如盛唐时期韦述的《两京新记》、宋代宋敏求的《长安志》、程大昌的《雍录》、赵彦卫的《云麓漫钞》、元代李好文的《长安志图》、清代徐松的《唐两京城坊考》……

隋唐长安城的规划和兴建对后世我国都城的建造产生了很深的影响，而且为其他国家所仿效。如渤海国上京城和日本的平安京、平城京都是模仿隋唐长安城而建造的。

东市和西市

唐长安城的经济活动中心就是东市和西市。另外，东市和西市也是当时全国工商业贸易中心，中外各国进行经济交流也是在这里。其经济发达程度可见一斑。

据考古实测，东市南北长1000余米，东西宽24米，面积为0.92平方千米。在市的四周，每面各开2门，所以共有8门。市周墙外大街主要用于商业运输和市民入市前车马的停靠。东市因为靠近“三大内”、周围坊里多皇室贵族和达官显贵第宅，所以，市场中出售的奢侈品非常多。其主要是为了满足皇室贵族和达官显贵的需要。

西市因为距三内较远，周围多平民百姓住宅，所以市场中经营的多是日常生活用品。与东市相比，西市更为繁荣，所以是长安城的主要工商业区和经济活动中心。而其也因此被称为“金市”。

第三章

江南古都——南京

南京是中国著名的四大古都及历史文化名城之一。千百年来，奔腾不息的长江不仅孕育了长江文明，也催生了南京这座江南城市。南京襟江带河，依山傍水，钟山龙盘，石头虎踞，山川秀美，古迹众多。早在20世纪30年代，著名文学家朱自清先生游历南京后，写下的《南京》一文中就有这样一段评价："逛南京像逛古董铺子，到处都有些时代侵蚀的痕迹。你可以揣摩，你可以凭吊，可以悠然遐想……"

第一节 金陵之地金陵气

南京，在战国时期，楚威王始置金陵邑，以为“王之地也”，将其简称为“宁”，本来是中华民国法定的首都，现在是中华人民共和国江苏省省会、副省级城市。南京是“中国四大古都”之一，有“六朝古都”之称。它位于长江下游沿岸，是长江下游地区重要的产业城市和经济中心，同时也是中国重要的文化教育中心之一，是华东地区交通要塞。

山川秀美的南京城

多少年来，长江不仅孕育了长江文明，而且也催生了南京这座国际化的大都市。南京襟江带河，依山傍水，其自然地理位置非常优越。国父中山先生曾经这样评价过南京：“南京为中国古都，在北京之前。其位置乃在一美善之地区。其地有高山，有深水，有平原。此三种天工钟毓一处，在世界之大都市诚难觅如此佳境也。”历史上的南京不仅受益于得天独厚的地理位置，而且在经受战乱兵灾之后重新走向繁盛。所以南京被视为汉族的复兴之地，在中国历史中有着非常重要的地位。所以，朱偰先生在比较了长安、洛阳、金陵、燕京四大古都后，说：“此四都之中，文学之昌盛，人物之俊彦，山川之灵秀，气象之宏伟，以及与民族患难相共，休戚相关之密切，尤以金陵为最。”

从南京的平面上来看，其南北长、东西窄，成正南北向。南京南面是多种地形单元构成的地貌综合体。其地貌是宁镇山脉的一部分，而低山山陵所占面积是全市总面积的一半以上。长江南京段长度约 95 千米；江南有秦淮河，江北有滁河，其为南京市境内两条主要的长江支流，河谷平原为重要农

业区。

总体来说，南京城区的地势是起伏不平的。紫金山中支的余脉向西延伸，在太平门旁是富贵山，进城之后就会看到小九华山、北极阁，如果是继续往西就会看到连接古长江冲积物堆成的下蜀黄土岗地，它把南京城分成了两部分，形成了秦淮河水系和金川河水系的天然分水岭。在城北绣公园附近还有狮子山，城西有马鞍山，城南有石子岗。四周群山环抱，有紫金山、牛首山、幕府山、栖霞山、汤山、青龙山、黄龙山、方山、祖堂山、云台山、老山、灵岩山、茅山等，另有富贵山、九华山、北极阁山、清凉山、狮子山、鸡笼山……其地貌特征为山多水多丘陵多。

南京城内的主要河流有长江和秦淮河。长江南京段是从江宁铜井镇南开始，到江宁营防乡东为止，境内长约 95 千米。秦淮河全长 103 千米；到南京武定门外分两股，一股为干流，称外秦淮河，绕城经中华门、水西门、定淮门外由三汊河注入长江；又一股称内秦淮河，由通济门东水关入城，在淮清桥又分为南北两支，南支为“十里秦淮”，经夫子庙文德桥至水西门西水关出城，与干流汇集，北支即古运渎、经内桥至张公桥出涵洞口入干流。南京市北部有滁河，河道弯曲。南部有淳溧运河和天生桥河。另外，南京境内还有很多湖泊，如玄武湖、琵琶湖、紫霞湖和莫愁湖、石臼湖、固城湖……

历史风云中的南京城

南京，别称金陵、江宁，它中国四大古都之一，同时也是中国历史上的六大文化古都之一。在 1982 年，南京是国务院公布的第一批中国历史文化名城，同时也是中华人民共和国江苏省省会。自古以来，南京都是长江中下游的政治和文化中心，同时也是扬子江下游流域重要的商业经济中心。南京不仅有着丰富的自然景观，而且人文气息也非常浓厚。东郊汤山猿人头骨的出土，说明在南京曾经是古人类的聚居地。公元前 472 年越王勾践灭吴后，在现在南京的中华门西南侧建城，开创了南京的城垣史。公元 3 世纪以来，先后有 10 个朝代和政权在南京建都立国，最终为人类留下了丰厚的民族文化遗产。所以，南京不仅是六朝古都，而且也是十朝都会。

南京猿人头盖骨和相关遗迹表明，在很早之前，南京已经开始有人类活

动。6000 年前南京就出现了原始村落，在 1950 年代发掘的北阴阳营遗址年代是公元前 4000 年至公元前 3000 年，它是长江下游地区新石器时代文化类型至北阴阳营文化，除此之外，还有很多处南京地区的早期文化遗址。南京之名始于明代初年，在之前有其他很多名称，如金陵、秣陵、建业、建邺、建康、白下、升州、江宁、集庆、应天……在明成祖时，都城北迁，应天府改称南京。在太平天国称之为天京、清朝称之为江宁，辛亥革命以后再改称南京直到今天。

在公元前 1100 年左右，南京是西周贵族周章的封地句吴。在春秋战国时期，吴国、越国和楚国曾经先后占领过南京地区。在公元前 495 年，吴王夫差在今朝天宫筑冶城，开办了手工业作坊。所以这里被称为冶城山或冶山。在公元前 472 年，越王勾践灭吴后，曾经派大臣范蠡在秦淮河南岸筑越城，将其称为范蠡城。这是南京最早的古城，可见，南京建城已经有两千多年的时间了。越城虽然范围很小，但是其地理位置非常重要。其控制秦淮河入长江的孔道，而且越王以此作为攻楚的根据地。在公元前 333 年，楚夺越地，楚威王熊商于石头山筑金陵邑，所以南京有“金陵”的称谓。南京地区出土的金爰、蚁鼻钱、铜砝码等，说明了楚国手工业和商业的发展情况。在秦始皇三十七年改金陵邑为秣陵县，属鄣郡。秦始皇南巡时经丹阳，到钱唐和会稽，开驰道以通丹徒，来回都路过南京。从此之后，南京与境外的通衢大道开通。在公元 211 年，吴国孙权从武昌迁来这里建都，将其改名为建业，而且在石头山楚国金陵邑旧地筑石头城。因为其地势较为险要，所以被称为“石城虎踞”。

西晋统一之后，在 282 年改建业为建邺。在 313 年，为了避司马邺之讳，改建邺为建康。在 317 年，司马睿建立东晋。以建康为都。此后，宋、齐、梁、陈相继在此建都，历史上将其称为南朝。

东晋所改建的建康，其布局上模仿了魏晋时期的洛阳城，但是仍然以建邺为基础。在后南朝之后并没有大的改动。据《建康实录》载，“城周廿里十九步”，宫城“周约八里”，在刚开始的时候用土墙竹篱为之，但是在东晋末年开始部分用砖，在 480 年正式建都墙始用砖。在 511 年，又增建第三重宫城。这种宫城样式在城市发展史上是罕见的，其出现于当时的国家情况密切相关。

在南朝时期，建康仍然是冶铸中心，而且冶铁技术也得到了很大发展，创造了生熟铁混合冶炼法。在东晋时期，因为冶铸业的发展造成了城市污染，

所以需要将冶炼工厂迁到其他地方。南朝的建康，商业繁荣。商品种类多样，如三吴地区的粮食、丝帛、青瓷、纸张，长江中游来的铜铁矿石，海外的香料、珍宝……另外，建康的文化事业发展也较为繁盛，城市设有儒学、玄学、文学、史学4所学馆，人才众多。而南朝时期的数部文史传世之作也诞生在建康，如刘宋刘义庆《世说新语》、南梁刘勰《文心雕龙》、钟嵘《诗品》、萧统《文选》、刘宋范晔《后汉书》、裴松之《三国志注》、南齐沈约《宋书》、南梁萧子显《南齐书》……在465年，在南京建立了中国第一个科学研究机构，而且出现了一系列的文化名人。分布在南京及其附近的六朝墓前石刻，以石兽居多，风格非常独特，不仅体现生动优雅的风格，而且还流露出了六朝繁华颓废的气息。南朝时期的建康出现了畸形发展的态势。建康是当时佛教中心，其佛寺非常多，《南史·郭祖深传》有“都下佛寺五百余所，穷极宏丽。僧尼十余万，资产丰沃”的记载。而唐朝杜牧也有“南朝四百八十寺，多少楼台烟雨中”的诗句。

在589年，隋文帝灭陈之后，荡平了建康城邑，摧毁六朝宫苑，在石头城置蒋州。在唐朝时期，置蒋州为升州。在北宋时期称为江宁府，在1129年改为建康府，是抗金前线。岳飞和韩世忠曾经在这里抗金。在1130年，金兵火烧建康城，其大部分建筑都被焚毁。在明朝时期，南京地区再度繁荣。1368年，朱元璋在应天称帝，改称南京。这是南京第一次成为全国的政治中心。明朝时期的南京城可以称作是世界古代第一大城。

明成祖迁都北京后，南京作为明代两京之一，仍然存在，而且地位也非常重要。南京丝织业、造船业、印刷出版业居全国首位。郑和下西洋的“宝船”多为今下关三汊河附近“宝船滩”的龙船厂所造。另外，设立在鸡笼山南麓的国子监，有着数量众多的中外学生。

清初改应天府为江宁府，设江宁织造。南京云锦名闻海内外。在1840年鸦片战争之后，近代史上第一个不平等条约《南京条约》就是在下关江面签订。1853年太平天国革命军攻克南京后，在此建都，改称天京。但是后来被清军焚毁，现在我们所看到的花园内石舫是当年

侵华日军南京大屠杀纪念馆

旧物。

1912 年元旦，孙中山在此就任临时大总统，改江宁府为南京府，定都南京。孙中山当年的办公起居室，位于现长江路 292 号，其被保存得非常完好。1925 年，孙中山逝世，葬于南京紫金山，也就是现在我们所看到的中山陵。1927 年后，蒋介石以南京为国民政府所在地。在抗日战争时期，南京沦陷，日军进行了惨绝人寰的南京大屠杀。1949 年 4 月 23 日，南京解放。

第二节 走进六朝古都

公元前 472 年越王勾践灭吴后，在现在南京的中华门西侧建立了都城。公元 3 世纪以来，先后有春秋时吴国、东吴、东晋、和南朝的宋、齐、梁、陈（史称六朝）、隋陪都、南唐、明前期（洪武建文时期及永乐前期）（永乐后期直到明亡为陪都名南京，南京地名即由此得来）、太平天国、中华民国（蒋介石时期）共 13 个朝代和政权在南京建都立国，所以南京被称为十三朝都会。

古金陵的传说

“金陵”与“南京”是同义词，它是南京在古时候的别称。关于“金陵”这个名称的由来，有着非常多神秘气息浓厚的传说。

一些专家经过多年考证，终于找到了其中的缘由。坚持“因山立号”说的专家认为，“金陵”原本是钟山最早的名称，但是后来成为南京的地名。而有些学者则认为，金陵作为名词有两个意思，即一是《说文解字》上讲的“大阜”，也就是地势较高的山；二是借用为帝王的坟墓。古代的时候，人们将山陵比作是最高的统治者，在帝王去世的时候就称为“山陵崩”。帝王的坟

冢如同一座高山，在建坟的时候往往帝王还在世，为了避不吉，讳称为陵或山陵。《舆地志》中说："蒋山古曰金陵山，县之名因此山立。"当时，很多地方的山名都用作地名，陵就是山，金陵就是金色的山。后来，人们习惯在金陵之后加上一个山字。但是那个时候就称为金陵。钟山顶上的岩石泛紫色，类似于赤，所以称金陵，所以其名称是根据山石的颜色来命名的，山上并没有什么金矿。"金陵"之"金"，为金色，也就是铜的颜色，但不是黄金。铜的颜色可以被称为赤金色，如今我们将纯铜的颜色称为紫铜。这与后人称其为紫金山是一样的道理。"金陵"二字最早用于城名是在战国时期。古代地方志记载："公元前333年，楚威王打败越国，杀越王无疆，尽取越国夺取的吴国的地域，而在石头山（今清凉山）筑城，称为金陵邑，或石首城。"那个时候的钟山被称为金陵山，它周围的小山还没有自己的名字。所以建在石头山上的城邑就被称为"金陵邑"。唐代《建康实录》对此有明确记载："因山立号，置金陵邑。"

南京的众山属宁镇丘陵，此地的山海拔都不是很高。钟山以海拔448米高度雄居第一。高山对人类生活产生了很大的影响。在原始崇拜中，有一种重要的形式就是高山崇拜。在原始人看来，高山是神灵所居住的地方，同时也是人类与天神沟通的方法，其具有神秘和灵验双重特性。因此，人类对高山采取敬畏的态度。各地的居民都将自己生活区域中的高山作为崇拜的对象。古人把一个地区有联系的众山之首称为"祖山"作为地区的标志，而钟山就有这样的地位，它是南京地区居民心目中的圣山。楚国地名往往用"陵"，其缘由就是崇拜高山。楚威王选用祖山为邑立名，符合古人命名城邑的习惯。当时的"金陵邑"是个小城堡，但是具有军事意义。虽然其规模不是很大，但是它却是南京设置行政区划的开始，同时也是南京称为"金陵"的发端。因为"金陵邑"的地理位置非常险要，而且其影响力越来越大，所以为众人所熟知。

关于金陵的来源，还有另外一种说法，即唐《建康实录》中说："楚之金陵，今石头城是也，或云地接华阳金坛之陵，故号金陵。"然而，有的学者认为，这本书的作者许嵩并没有弄明白金陵具体是指哪座山，它或许是将金陵作为石头山（今清凉山）的旧称了，所以质疑"因山立号"说的准确性。学者们认为石头山还不足以享用"金陵"之美名，所以就把"金坛得名"的猜测也一并记录下来。这将古人严谨的治学态度充分体现了出来。

关于"金陵"之名来源还有另外一种说法，即"埋金"之说。这种说法

将“陵”解释为坟墓。据说金陵的名称是因秦始皇在金陵岗埋金以镇王气而得，也就是“埋金的陵墓”。然而，据说金陵岗在今幕府山西。《景定建康志》记载：“父老言秦（始皇）厌东南王气，铸金人埋于此。”而且还说秦始皇埋金的金陵岗曾立一碑，上刻：不在山前，不在山后，不在山南，不在山北，有人获得，富了一国。然而有些人则否定秦始皇曾经在这里埋金，而只是诡称在山中埋金。这样，让寻金的人在山的前后南北，“遍山而凿之，金未有获，而山之气泄矣”。与此同时，还有楚威王埋金说，据说当时楚威王觉得南京“有王气”，特别害怕，于是就命令人在今狮子山以北的江边埋金。《景定建康志》如此记载：“周显王三十六年（公元前333年），楚子熊商败越，尽取故吴地。以此地有王气，因埋金以镇之，号曰金陵。”当然，一些学者认为“埋金说”的迷信色彩较为浓厚。埋金的目的是镇王气，因此“金陵王气”是指金陵的风水特征。通过考证发现，“金陵王气”最早也只能产生于三国时期。因此，无论是楚威王还是秦始皇都不可能有“惧王气”而生出的“埋金”之举。另外，“陵”作为“坟墓”，只能是指埋葬帝王的地方，而不能指埋金的地方。因此，“埋金说”是不成立的。那么，为什么“埋金说”能够广为流传呢？或许是因为其带有很浓厚的神秘色彩，而为大众所接受。

东吴都城金陵邑

在公元212年，三国时期的吴主孙权在金陵邑故址，利用一些天然石壁筑成了石头城。石头城临江控淮，其地理位置险要，所以是军事要地。公元229年孙权在此建都，建立了建业城，这标志着南京正式开始作为都城。当年，在建业城内外，其有着较为丰富的资源，而且交通便利。

222年，孙权称王，并改元黄武。229年孙权称帝，定都武昌后迁还于建业，吴国建立，孙权就是吴大帝。在孙权统治的时候，江东地区经济发展良好。南北方交流密切，劳动力也不断增加。长江两岸地区都设有屯田区，其中毗陵屯田区最大。会稽郡农业生产比较发达。所修建的一些运河在孙吴时期发挥了重要作用。江南运河云阳至京口一段因为流经山间，所以不利于通航。云阳以西开辟破岗渎，使秦淮河和江南运河联通，其水运非常便利。江南开始兴起丝织业，然而技术还不够成熟，在此情况下，蜀锦成为重要的输入物资。铜铁冶铸继承东汉规模而有发展规律，青瓷业也在东汉釉陶制造基

础上走向成熟。因为水运的需要，其造船业非常发达，同时也加强了中外文化交流。在230年，卫温、诸葛直率万人船队到达夷洲，也就是现在的台湾省，这是大陆与台湾联系的最早记录，吴国使臣朱应、康泰泛海则到达现在的越南和柬埔寨等国。

随着经济的不断发展，其文化也得到了提高，出现了一批知名的经学家和文史之士，如虞翻、陆绩、韦昭。在此期间，佛教开始在江南传播，居士支谦从洛阳南来，世居天竺的西域僧康僧会稍晚从交趾北上。他们在建康译经传法，其影响非常大。而道教也开始在民间流传。孙吴诸将以私兵随孙氏征战，孙吴屡以国家佃客赐给功臣，功臣往往拥有多至于数县的俸邑，因而逐渐形成吴国武将世袭领兵的制度。在280年，西晋军队攻破东吴，孙皓出降，吴国灭亡。孙权统治时，江东经济得到了迅速发展。

金陵古都的兴衰

东晋及被称为“南朝”的宋、齐、梁、陈是年代相继的5个王朝，它们的都城都是在吴国建业的基础上扩建而成的，改名叫建康。连同在此之前的东吴，常被人们称作“六朝”，因此南京具有“六朝古都”的称谓。东晋至南朝时，农业、手工业发展较快，其经济发展较为繁荣。都城内外有很多大小商市，商品种类繁多。与海外诸国的经济文化来往更为频繁。

孙权

在经济发展较为繁盛的基础上，北方和南方世家大族，以及佛教高僧和道家代表人物都聚集在建康，这样建康就成为当时全国的文化中心。当时建康有儒学、玄学、文学和史学4座学馆，而其他一些方面也得到了重大发展，如佛学、道家思想、书法、绘画、雕塑、数学、天文、化学和医药学……同时也出现了一大批重要人物，如思想家范缜；文学家郭璞、沈约和谢灵运；文艺评论家刘勰、萧统和钟嵘；史学家范晔、裴松之和萧子显；佛经翻译家法显、宝

云和佛驮跋陀罗；道家兼化学和医药学家葛洪和陶弘景；书法家王羲之和王献之父子；雕塑家戴逵父子；绘画家顾恺之；数学兼天文学家虞喜和祖冲之父子……

东晋以来，佛教在江东逐渐盛行。在六朝时期，有非常多的庙宇。晚唐诗人杜牧对此作了生动的描述："千里莺啼绿映红，水村山郭酒旗风。南朝四百八十寺，多少楼台烟雨中。"当年的建康城郊，不仅有离宫园囿，大族的府第别墅，而且还有佛寺和陵墓，其场面非常繁荣。

南唐江宁

隋文帝平陈，结束了近 270 多年分裂局面，全国又归于一统。平陈后，文帝将建康城垣、宫室全部毁为农田，遂使六朝豪华壮丽的三百年故都，沦为"吴宫花草埋幽径，晋代衣冠成古丘"（李白《登金陵凤凰台》）的历史遗迹。加上当时以洛阳为中心的隋唐大运河畅通，东边长江以北的扬州和长江以南的润州（今江苏镇江市）代替了南京的交通地位。隋初，还在石头城置蒋州，以蒋山为名。废秣陵、建康二县，另设江宁县为州治，将原来设在建康的扬州移至广陵、江都（今江苏扬州市西北），大业三年（607 年）又改蒋州为丹阳郡。唐武德二年（619 年），废丹阳郡，在江宁置扬州，七年再改扬州为蒋州，九年扬州再度迁治江都。从此，江宁成为普通的县城，扬州一名也和南京脱离了关系，成为现今扬州的专称了。到唐代中叶的乾元元年（758 年），才在江宁县置升州。此外，县城曾多次分合或改名，有江宁、归化、金陵、白下、上元等名称。

唐安史之乱后，全国又陷于混乱，导致五代十国的大分裂。这时军阀杨行密统一了江淮，于公元 902 年建立政权，是为吴国，习称杨吴，都扬州，改升州为金陵府。杨行密死后，执政者徐温和他的养子徐知诰控制实权。公元 937 年，徐知诰代吴称帝，定都金陵，一名西都，又改金陵府为江宁府，史称南唐。后来徐知诰恢复原姓，即南唐始祖李昇。

南唐继承杨吴政权，最盛时统治地区北至淮河，东到苏州、浙江西界和福建西部，南达广东北界，西包括江西全境和湖北一部分，南方列国中算是大国。杨吴时代曾三次修筑金陵城，徐知诰任金陵尹时，修建的金陵城周围 25 里，府城房屋 2500 间，奠定了后来南京城市的基础。这是南京城市发展史上的第二个阶段。南唐政权建立后，改府城为宫城，利用原来的基础，不另

外再造新城。

南唐的金陵城跨淮（秦淮）带江，南接长干桥（今中华门），北至元（玄）武桥（今珠江路），东及白下桥（今大中桥），西抵石头山（今清凉山），城周35里。城墙高2.5丈。秦淮河沿岸的街市和西北的石头城都被包入城内，比六朝的建业和建康城范围大且偏南。当时由于长江泥沙淤积，石头山外白鹭洲的形成，江流已远离石头城下，“石城虎踞”的形势大为逊色，但城下水西门外仍不失为热闹的江边码头。以后，明初的南京城大体上即在南唐江宁府城的基础上扩建而成的。

杨吴、南唐保境自守，政治比较稳定，经济有相当发展。李昇俭朴勤政，礼待知识分子，重视学术文化。中主李璟和后主李煜通晓音乐，精于书画，文学艺术上造诣颇深。朝中大臣冯延巳，也是名重一时的词人。南唐的统治阶层过着闲散和舒适的享乐生活。当时的诗、词、画对宋代产生了不小的影响，在文学与文化史上都有不可忽视的历史地位。文学上虽有所长，但政治上毫无远见，咎由自取，不足为训。

作为南唐国都的金陵城，在南京城市发展上也是一个重要的转折点，即改变了六朝时建康都城将政治区与工商业区和居民区分离的状况，而将城池南迁到以秦淮二十四航为中心的位置。在南唐金陵城的范围内，千余年来一直是南京人口最密集、工商业最繁盛的地带。

明代南京

宋代以后，随着江南经济的蓬勃发展，南京地位又随之重要起来。过去东吴、东晋、南朝这里只是统治半壁江山的政治中心，明代开国皇帝朱元璋，起兵淮南，南京自然成为他的首选都城，于是第一次成为全国性的首都。这是继六朝、南唐以后，南京城市发展史上的第三个阶段。

元末群雄割据，至正十六年（1356年），朱元璋攻克在今南京的集庆路，改为应天府，置江南行中书省，作为自己的根据地。明洪武元年（1368年），朱元璋建立明朝，撤消原江南行中书省，定都南京。十一年（1378年），又改南京称京师。永乐元年（1403年），镇守北平（今北京市）的朱元璋四子燕王朱棣取得政权，仍称南京。永乐十九年（1421年），朱棣正式迁都北京，将南京作为陪都。不过，整个明代，在南京仍保持着一套完整的政府机构。

朱元璋

早在朱元璋进行统一战争初期，谋士朱升曾提出“高筑墙，广积粮，缓称王”的建议，朱元璋听了很是欣赏，攻取集庆路十年后，便着手筑城。当时南京城的修建工程，大致分为两个阶段。第一阶段自元至正二十六年（1366 年）拓展应天府城起，以改筑为主；第二阶段从明洪武二年（1369 年）造新城到十九年（1386 年）作城门止，主要以新建为主，前后历时达 21 年之久。

明南京城完全依据自然形势构筑。东北凭富贵山、九华山、北极阁，南、西沿秦淮河，西北包长江边的狮子山，北界到玄武湖边，依山傍水，气势雄伟。南、西两面基本上和南唐旧城相同，北面将六朝故城全部包括在内，东部和西北部向外有很大扩展。全城受地理条件影响，和一般都城呈方形和长方形不同，为不规则形状。城门有 13 座，依次为：东面朝阳门（今中山门），南面正阳门（今光华门）、通济门、聚宝门（今中华门），西面三山门（今水西门）、石城门（今水西门南）、清凉门、定淮门、仪凤门（今兴中门）、北面钟阜门、金川门、神策门（今中央门）、太平门。周围相传长五十里有九，折合今制，为 33.4 千米，经实测总长度为 35.3 千米。城墙全部用砖石砌成，基座是花岗岩和石灰岩凿成的条石，上部为砖。城砖来自南京及长江中下游一百多个州县，都按照一定规格烧造，砖侧印有监造官员职衔、姓名和工匠名，每砖重量达 20 公斤，质地细密坚固，承受力强。砌造时使用糯米汁（或高粱汁）、石灰、桐油制成的夹浆，或说加入了一种植物黏液，胶合力极强，至今从拆毁的城砖上还可以看到白色的夹浆仍牢固地粘附着砖面。南京城的四周有着宽阔的城壕，其中相当一部分则是利用玄武湖、琵琶湖、前湖、秦淮河作为天然的护城河。经过六百多年的风雨沧桑，自然腐蚀，战争破坏，现在城墙仍巍然屹立，地面遗存部分为 25.1 千米，遗址部分为 10.2 千米，一般高 12 ~ 24 米，最宽处 18 米，是我国目前保存最完整和规模最宏大的古代城墙。它蜿蜒曲折地伸展在起伏的丘陵、山冈和平原之上，和附近的山、水、树融为一体，构

成了南京城特有的雄伟壮丽的风貌。

明代皇城偏落在城市的东部，大部分构建在填平的前湖（燕雀湖）上，内为宫城，宫城中有奉天、华盖、谨身三大殿和乾清、坤宁两宫。皇城正门叫洪武门，中为御道街，南对都城正门正阳门。南京皇城是后来建筑北京皇城的蓝本。

明洪武二十三年（1390），南京又增建外郭城，其周围据记载为 180 里，但实际上仅约 120 里。东包紫金山，北临长江，西过秦淮河，南在雨花台南，利用天然地势，在险隘处筑砖砌的城墙及城门，共有 16 门，现在都已毁坏。今天的尧化镇（姚坊门）、仙鹤门、其林门（麒麟门）、高桥门、上方门、凤台门、安德门、江东门、上元门等地名，都源于当时的城门名。

明代的南京是当时经济最为发达的城市之一。其手工业和商业大多集中在东起大中桥，西到三山门，南至聚宝门，北至北门桥的范围之内，这也是南唐以来的旧城区。南京的商业十分繁荣，如纳线、布庄、粮食、铜锡、刀、瓷器、梳篦、脂粉、网巾、靴鞋、川广杂货、福广海味、口北皮货、东西洋货、糕店、银铺、杂耍、卜卦、书铺、画寓、裱画、字帖、刻字等，行业齐全，应有尽有。一些商业集中在街道两侧廊下，如糖坊廊、裱画廊、书铺廊、绸缎廊、毡货廊、红纸廊、明瓦廊、估衣廊等。现在珠江路的北门桥附近，至今还有估衣廊地名。明代南京城内外有市场几十处，如花市、珠市、鱼市、菜市、米市、油市、木料市、牛市、羊市、驴子市、丝市、绸市，及主要经营果品的三山街市，经营牲口的内桥市，经营鱼菜的新桥市，和经营副食品的北门桥市。城内的酒楼和茶馆也很多，闻名遐迩的烤鸭原来就是南京王府和酒楼的名菜，后来迁都才传到北京去的。明代南京城里有几十条大街，几百条小巷，都是人烟稠集，金粉楼台，有大小酒楼六七百座，茶社一千多处。著名的秦淮河畔，居民密集，屋楼高耸，灯红酒绿，歌女云集，琴弦之乐不绝。河上游船画舫，如过江之鲫，在桨声灯影里，不时传出婉转的歌声，销魂动魄。所谓“十里秦淮”“六朝金粉”，繁华景象，天下无双。南京的造船业规模也很大。龙江船厂，在今下关三汊河附近，专门造大型海船，著名航海家郑和下西洋所用的海船，大部分是在这里建造的。20 世纪五六十年代，这里曾出土长达 11 米的巨型舵杆和能绞起 500 公斤铁锚的绞关木。郑和船队最远曾到达阿拉伯半岛和东非，经受过太平洋、印度洋惊涛骇浪的考验，说明当时造船技术达到了很高的水平。

南京也是明代的文化中心。太祖洪武十四年（1381 年）设在鸡笼山的国

子监，学生最多时达到九千余人，其中有来自日本、琉球（今琉球群岛）、暹罗（今泰国）的留学生。直到明代中叶的成化、正德年间，琉球还派学生来留学。南京国子监集中了宋元时期江南各地的木刻书版，大量出版书籍，号称“南监本”，至今仍是校对古籍的重要版本来源。此外，《元史》和卷帙浩繁的《永乐大典》等书籍，也都在南京编成。

第四章

长城脚下的古都——北京

北京是中国七大古都之一，古时候被称为燕京、幽州、南京、大都。它是五朝帝都（燕、金、元、明、清），现为中华人民共和国首都。在春秋战国时期，北京分别是西周王朝北方诸侯蓟国与燕国的统治中心。纵观中国历史，北京曾经是辽的陪都（当时称南京，又叫燕京）、金国的首都。在公元 1267 年，蒙古族忽必烈定都北京，从此，北京成为元汗国的大都。从此，北京取代了洛阳、长安、汴梁等古都的地位，最终成为中国的政治中心，而且一直延续到明、清两代。至今仍然是中国的政治中心。

第一节 古都的岁月

北京市简称京，是中华人民共和国的首都和直辖市、中国国家中心城市，中国政治、文化和国际交流中心，中国第二大城市。北京毗邻渤海湾，上靠辽东半岛，下临山东半岛。北京与天津相邻，并与天津一起被河北省环绕。西部是太行山山脉余脉的西山，北部是燕山山脉的军都山，两山在南口关沟相交，形成一个向东南展开的半圆形大山弯，人们称之为“北京弯”，它所围绕的小平原即为北京小平原。诚如古人所言：“幽州之地，左环沧海，右拥太行，北枕居庸，南襟河济，诚天府之国。”据记载，北京有着悠久的建筑史和建都史，是“中国四大古都”之一，与上海、天津一起被统称为北上天。在文献中，北京最早的名称是“蓟”。北京荟萃了自元明清以来的中华文化，拥有非常多的名胜古迹和人文景观，同时也是世界上拥有文化遗产最多的城市，是人们旅游的好去处。

幽州古地

北京的建筑史和建都史都较为悠久。自秦汉以来，北京地区一直是中国北方的军事和商业重镇，名称先后称为蓟城、燕都、燕京、涿郡、幽州、南京、中都、大都、京师、顺天府、北平、北京……在西周时期，北京曾经是周朝诸侯国燕国的都城。从中国金朝起成为古代中国首都直至中都。从元朝开始，北京成为中国的首都。其被称为元朝国都，元大都，或大都，因为中国皇帝忽必烈是蒙古大汗国的大汗，蒙古文称为“汗八里”，意为“大汗之居处”。元大都的地址就是现在的北京市区，北至元大都城遗址，南至长安街，东西至二环路。在明朝，从明成祖开始对北京进行大规模的扩建，清朝在延

续明北京城的基础上又进行了一些修缮和扩建。到清朝末年，北京成为当时全世界最大的城市。

早在西周初年，周武王在北京及附近地区封召公，称燕，而都城就在今北京房山区的琉璃河镇，其遗址至今尚存。后来又封尧之后人于蓟，位于现在的北京西南方向。后来燕国灭掉蓟国，迁都于蓟，统称为燕都或燕京。在秦朝时期，设北京为蓟县，被广阳郡郡治。在公元前 202 年，该地被划入燕国辖地。公元前 80 年，复为广阳郡蓟县，属幽州。公元前 73 年，由于有帝王在这里分封，所以将其更名为广阳国首府。在东汉光武帝进行改制的时候，置幽州刺史部于蓟县。公元 96 年，复为广阳郡驻所。在西晋之时，朝廷改广阳郡为燕国，而幽州迁至范阳。十六国后赵时，幽州驻所迁回蓟县，燕国改设为燕郡，历经前燕、前秦、前燕、后燕和北魏的统治不变。583 年，废除燕郡。607 年，隋朝改幽州为涿郡。在唐初武德年间，涿郡复称为幽州。在 627 年，幽州划归河北道管辖。后来北京成为范阳节度使的驻地。在安史之乱期间，安禄山在北京称帝，建国号为“大燕”。唐朝平乱后，复置幽州，归卢龙节度使节制。五代初期，军阀刘仁恭建立地方政权于此，称燕王，后来被后唐所消灭。北宋初年，宋太宗在高梁河与辽战斗，北宋大败。在 938 年，辽在北京地区建立了陪都，号南京幽都府，开泰元年改号析津府。1153 年，金朝皇帝海陵王完颜亮正式建都于北京，称为中都，位于现在北京市西南。元朝统一了全中国。从元朝开始，北京成为全中国的首都。元朝时的北京称为元大都。元大都是当时全国的交往中心。此后明朝在大部分时间内和清朝的都城均建立于此。在明朝，从永乐年间，明成祖朱棣为了加强北边的防御，保卫北方的安全，把都城迁到了北京。从那之后，北京成为了明朝的新都城。在 1215 年，成吉思汗麾下大将木华黎攻下北京，遂设置燕京路大兴府。在 1272 年，中都大兴府正式改名为大都路。

明朝初年，以应天府（今南京）为京师，大都路于 1368 年 8 月改称为北平府，在 10 月应军事需要划归山东行省。在 1369 年 3 月，改为北平承宣布政使司驻地。在燕王朱棣经靖难之变后夺得皇位后，1403 年改北平为北京，是为“行在”且常驻于此，而北京也就是从那个时候开始叫起来的。北京城经济繁荣、秩序稳定。1421 年 1 月，明朝中央政府正式迁都北京，以顺天府北京为京师，应天府则作为留都称南京，明仁宗、英宗的部分时期，北京还曾一度降为行在，京师复为南京应天府。清兵入关后，进驻北京，也称北京为京师顺天府，属直隶省。

在1860年签订北京条约之后，外国使节和传教士有权进入北京。他们以传教之名促使清政府签订了不平等的条约，其目的是搜集中国情报，对中国进行文化侵略。传教士常常通过政治势力维护“传教”活动，在北京城内建立了很多教堂，而使馆集中在东交民巷。1860年，英法联军打进北京；1900年，八国联军再次打进北京，北京城受到了严重的毁坏，大量的文物被侵略军所抢掠。

1911年辛亥革命后，民国元年1月1日，中华民国定都南京，也就是在这一年的3月迁都北京，其一直持续到中国国民党北伐军攻占北京，张作霖败回东北，北洋政府下台。在民国时期一开始，北京的地方体制仍然是沿袭了清朝的体制，将其称为顺天府。在民国三年，改顺天府为京兆地方，其直接为中央政府北洋政府所管辖。也就是在此期间，北京新建了有轨电车系统和一批现代的文化教育机构，如清华大学、燕京大学、北京大学、辅仁大学、协和医学院……

在1928年北伐战争之后，因为蒋介石不重视北方边防，把首都迁到了南京，北京改名为北平特别市。在1930年6月，北平降格为河北省省辖市，但是在12月重新升为院辖市。虽然在此期间，北京不是首都，但是其在教育方面占据绝对优势，被国际人士称为“中国的波士顿”。在1937年“七·七”事变后，北平被日本占领。在这里成立了伪中华民国临时政府，而且把北平改名为北京。1945年8月21日，中国人民打败了入侵北京的日本军队，北京被第十一战区孙连仲部所接收，北京重新改为北平。

1949年1月31日，傅作义将军与中国共产党达成和平协议，中国人民解放军进驻北平市，北京被解放。1949年9月27日中国人民政治协商会议第一届全体会议通过《关于中华人民共和国国都、纪年、国歌、国旗的决议》，北平更名为北京。1949年10月1日，中华人民共和国中央人民政府在北京宣告成立。

辽代陪都南京城

在辽国五京当中，其中规模最大、最为繁华的地方是南京城（今北京）。在前面我们已经提到过，在宋辽两军激战高梁河之前，宋军曾围攻辽南京城，不久之后就占据了。这里的辽南京城就是后来的北京。

辽国是契丹人建立的政权，一共有5个都城：上京临潢府（今内蒙古巴

林左旗南)、中京大定府(今内蒙古宁城西大名府)、东京辽阳府(今辽宁辽阳)、西京大同府(今山西大同)和南京析津府(今北京),其中规模最大的是南京城。

根据《辽史·地理志》记载:“南京城周长36里,城墙高3丈,宽1.5丈。城有8门:东为安东门、迎春门,南为丹凤门、开阳门,西为清晋门、显西门,北为通天门、拱辰门。”贯穿城市的大道有2条:一条为东西向,联通了清晋门和安东门,它是广安门内、外大街的前身;另一条为南北向,联通了拱辰门和开阳门,大致是今天的闹市口大街南段、长椿街、牛街加上右安门内大街北段。在那个时候,南京城有30万人,包括了多个民族。城内划分了26个“坊”,每个坊都有围墙、坊门,而门上有坊名,这样做是为了更好地管理城内的居民。据《契丹国志》记载,南京城“大内壮丽,城北有市,陆海百货,聚于其中。僧居佛寺,冠于北方,锦绣组绮,精绝天下……水甘土厚,人多技艺”,其繁荣程度可见一斑。

南京城基本上是沿用唐代幽州城,只是对城墙进行了修葺,并没有进行大规模改造。而辽南京城城垣所留下的遗迹只有莲花河的一段,很可能是辽南京城西垣的护城河广安门外大街上,交通便利。1974年在甘石桥北的北京钢厂院内,考古专家发现了855年《涿州范阳县主簿兰陵肖公夫人侯氏墓志》,其中记述了其墓“殡于幽州幽都县西三里仵原”,也就是说在幽州城西边。因为侯氏墓志是在北京钢厂院内西南隅出土的,所以学者们推断,唐代幽州城西垣是在院内东侧,也就是在白云观西土城台至小红庙村一线上。辽南京城沿用唐幽州城的城墙,所以西垣的位置并没有发生改变。

通过一系列的考古发现,学者们认为辽南京城的北垣就是现在头发胡同、白云观西土城台之东西一线。经过精确测量之后发现,头发胡同的地势比周围凸起,所以说这里很可能就是旧城垣遗址。头发胡同北边的受水河胡同,很可能就是辽南京城北垣外的护城河。与头发胡同相比,受水河胡同更古朴,其周围都是旧式小平房。据考证,当年,唐幽州城和辽南京城北侧的护城河就流经这里。后来因为河道干涸,所以被人们称为“臭水河”。后来取其谐音为浸水河,1965年改名为受水河胡同。随着时间的推移,昔日的护城河和城墙,竟然成了两条平整的胡同。

烂缦胡同则是辽南京城东垣外的护城河。在菜市口十字路口的西南角,立着一块门楼状的石碑,上面写着几个大字:“辽安东门故址”。安东门就是辽南京城东垣北侧的城门。在当时学者们是如何发现东垣的位置的呢?其中,

陶然亭

烂缦胡同发挥了重要作用。烂缦胡同形成于明朝，最初的名字为“烂面胡同”。清末改称烂缦胡同，名称上被雅化了。《光绪顺天府志》还记载：“烂面胡同亦称懒眠。”可见，其还有其他名称。清人赵吉士《寄园寄所寄》云：“京师二月淘沟，秽气触人，烂面胡同尤甚，深广各二丈，开时不通车马。此地在悯忠寺（悯忠寺就是现在的法源寺）东，唐碑称‘寺在燕城东南隅’，疑为幽州节度使城之故壕也。”他曾经亲身感受过胡同淘沟时的臭气熏天，然后结合唐碑的记载，可以断定这条胡同就是护城河。而现代学者的考证也证明了这一点。

既然护城河在烂缦胡同，辽南京城的东垣就在烂缦胡同以西的南北一线至护城河要护在城墙的外侧。

现在，我们难以找到辽南京城东垣的遗迹，但是因为有烂缦胡同，为此我们可以确定东垣外护城河的位置，进而将东垣大概的位置给推测出来了。

辽南京城南垣在现在的白纸坊东西街一带。右安门内大街与白纸坊西街、东街有个交叉路口。在十字路口的西北角有块不显眼的石碑，上面刻着“辽开阳门故址”。开阳门正对着拱辰门，现在的右安门内大街，就是当年开阳门至拱辰门大道的一部分。

十字路口所在的地方被称为“南樱桃园”。据说清代在右内大街北段西侧有一片樱桃树林，人们称为“樱桃园”。在清朝末年，樱桃园被分为南北两部分。在民国时期，这里杂草丛生，荒凉之极。在新中国成立之后才建起了职工宿舍。但是却少有人意识到自己整天与千年前的古城门擦肩而过。

1952 年 11 月，在陶然亭迤西姚家井第一监狱前，出土了《大唐故信州刺使河东薛府君墓志之铭》十六字墓志盖，虽然其方位没有明确记载，但是根据墓葬应在城外的原则推测，唐幽州城的南城垣，应在姚家井以北的东西一线，辽南京城的南垣与之相同。后来，又根据出土的一些墓志，可以断定辽南京城的南垣，就是现在的白纸坊西街至东街一带。

这足以说明了，辽南京城四面的城垣即使在没有遗迹可寻的情况下，仍然可以根据文献资料推断出它们的大概位置。

金中都的历史

大辽国契丹族统治南京时称作陪都，是从军事重镇向政治中心的过渡时期。北京地区真正成为政治中心的首都是在女真族政权的大金国迁都后的金中都时期。

在 1149 年 12 月，海陵王完颜亮发动政变，取代了金熙宗完颜亶。在 1151 年 3 月下诏“广燕城，建宫室”，1153 年正式迁都燕京，并改燕京为中都。据记载，金中都仿照北宋汴京的规制，以辽南京城为基础，然后进行扩建。外城东、西、南三个方向都进行扩建。虽然北墙并没有向北扩展，但是东西方向都延伸了，西至今会城门村以西，东至今新华街以西。自西向东北城有会城门、通玄门和崇智门 3 个城门。现在，关于北城城门的具体数量，存在着很多不同的说法。有的认为北城为 4 个城门，其原因是金世宗为了方便游北苑，在 1179 年新增建一门叫光泰门。而有些人坚持是 3 门是因为崇智门就是光泰门，其后来改名是为了避太子光英之讳。中都城东南角在今永定门火车站西的四路通；东北角在宣武门内翠花街；西北角在军博南皇亭子；西南角在凤凰嘴村。东城墙自四路通向北，穿过明清护城河，越过今陶然亭公园、黑窑厂、潘家河沿、虎坊桥西、梁家园，在北新华街西侧与北墙相接，城墙上 3 门，即施仁、宣曜和阳春。中都南城，西起凤凰嘴，笔直向东，途经鹅房营、万泉寺等地。南有端礼、丰宜和景风 3 门。据考证，今天的右安门大街、牛街、长椿街至闹市口一线就是金中都时南北通衢。中都西城，北起会城门西，向南延伸，经北蜂窝路、马连道，直到凤凰嘴村，与南城相交。

金中都内城是在辽南京皇城旧址的基础上进行扩建。在对外城的三面进行扩展之后，其内城基本上就是位于城市的中心。《大金国志》载：“内城凡九里三十步。”现在进行考证的话大约为 5000 米，其数目基本上与记载的相符合。内城分两重，皇城内为宫城。宫城南门为应天门，应天门对皇城南门，即宣阳门。宣阳门又正对外城丰宜门。御道贯穿三门。北达宫城北门拱辰门，组成中轴线，再向北可达北城的通玄门。宫城内东为宣华门，西为玉华门。宣阳门两侧有文楼和武楼。而这里就形成了广阔的“T”字形宫廷广场。在其东西还有其他一些建筑，如采宁馆、会同馆、太庙、尚书省……中都宫殿向来都是辉煌和富丽的。宫城内建造 9 重宫殿、36 座殿宇，皇宫居中。其大致布局是：应天门往北为大安门，左右分别为口华门和月华门，大安门后为前

殿——大安殿。大安殿以北为仁政门，内为仁政殿。关于皇城南面的御道景色，南宋使臣楼钥所著《北行日录》再现了当时的情况：“……入丰宜门，门楼九间，尤伟丽，分三门，由东门以入，又过龙津桥，二桥皆以石栏分为三道，中道限以护阱，国主所行也。龙津桥雄壮特甚，中道及扶栏四行华表柱，皆以燕石为之，其色正白，而镌镂精巧如图画然。桥下一水，清深东流，桥北二水亭，东亭有桥名碑。次入宣阳门……”，这只是对皇城外面御道景色的描绘。至于皇城内的宫殿，周麟之的《海陵集》则进行了相关方面的记载：中都的宫殿宏大侈丽已超过汴京，“宫阙壮丽，延亘阡陌，上切宵汉，虽秦阿房，汉建章不过如是”。

在1211年9月，蒙古成吉思汗的骑兵在契丹人耶律阿海带领下，在会河堡大损金兵，破居庸关直至中都城下。当时，金卫绍王完颜允济害怕官民听到这个消息之后人心浮动，所以严密封锁消息。直到兵临城下，只能被迫御敌。然而因为缺乏储备，正值寒冬，缺乏粮草，只能拆御园林木料为柴，以海陵王定都前所建四子城为犄角之势，配合作战，导致蒙古兵暂时受到挫折。12月间，蒙古军攻打景风门，金完颜天骥设计巷战，引诱蒙骑兵入城。经过城内兵民的共同作战，终于蒙古兵被迫撤退。

公元1213年秋，成吉思汗再次南下攻金。公元1214年4月，金宣宗派守将完颜承晖议和，通过大量金银和500童男童女、500御马换取了蒙古军的暂时北撤。5月19日，金宣宗逃离中都，迁都汴京。

在1215年，成吉思汗采取四面围攻战术摧毁了中都。东面攻下通州，这样就对通往中都的咽喉部位进行了控制。随后占领中都南郊的建春宫，又占城东北的大宁宫。所以，金大都被完全包围。守城大臣完颜承晖把守卫大权委付给副将抹捻尽忠。在蒙古兵的穷追猛打之下，抹捻尽忠弃城而逃，中都城最终沦陷。随后，蒙古兵洗劫中都，把财宝运到漠北大汗帐中。此后，城内的建筑逐渐走向败落。金中都城从扩建成功到败落只有60多年的时间。

元大都的岁月

北京城也曾经是元朝的都城，当时被称为元大都，或称大都。从1267年到1368年为元朝国都。其城址位于现在的北京市市区，北至元大都土城遗址，南至长安街，东西至二环路。

元大都位于金中都旧城东北。在1267年开始动工，经过20多年的建造，

终于完成宫城、宫殿、皇城、都城、王府等工程的建造，而新一代的帝都也就出现了。但是因为1285年诏令规定，迁入新的大都城的人必须是富有者和任官者，所以大量平民百姓只得留在中都旧城。当时，在人们心中旧城是非常重要的，所以就把新旧两城称为“南北二城”。

成吉思汗

大都新城的平面呈长方形，其面积不如唐朝长安城的面积大，但是与宋东京的面积相当。元大都的道路非常整齐、经纬分明。经过考古发掘，我们可以得知，大都中轴线上的大街宽度为28米，其他主要街道宽度为25米，小街宽度为大街的一半，宽度大致是小街的一半。城墙用土夯筑而成。因为城市轮廓较为方整，所以从外部来看，其城市格局分外壮观。

元大都新城规划最有特点的地方就是以水面为中心来确定城市的格局，之所以会这样或许与蒙古游牧民族“逐水草而居”的传统习惯与深层意识有关。因为宫室采取了环水布置的办法，而新城的南侧又受到旧城的限制，所以城区的面积必须向北推移。在北京，城市生活面临的一个重要难题就是水资源短缺。而金中都时期和元大都也是如此。在城市中的用水主要有4种，即居民饮用水、宫苑用水、城壕用水和漕渠用水。而居民饮用水主要是依靠井水；宫苑用水是由西郊引山泉经水渠导入太液池，因为是从西方来的，所以被称为金水；城壕用水也由西郊引泉水供给；漕渠用水是大都至通州的运粮河通惠河。因为地形落差非常大，沿河设闸通船，所以所需要的水量是非常大的。

元大都的街道规划较为整齐。相对的城门之间都会有一条大道相通。《马可·波罗游记》述云：“全城的设计都用直线规划。大体上，所有街道全是笔直走向，直达城根。一个人若登城站在城门上，朝正前方远望，便可看见对面城墙的城门。城内公共街道两侧，有各种各样的商店和货摊……整个城市按四方形布置，如同一块棋盘。”虽然大都城南面有三门、北面有两门，但从丽正门北穿皇城正中的崇天门及大明门、大明殿、延春门、延春阁、清宁宫、

厚载门，直抵中心阁的中轴线上，也有一条较为宽阔的御道。经过勘查发现，近些年来在北京景山公园之北发现的御道遗迹，其宽度达 28 米。《析津志》载：元大都街制，“大街二十四步阔，小街十二步阔。三百八十四火巷，二十九弄通”。其中较为著名的街道有千步廊街、丁字街、十字街、钟楼街、半边街、棋盘街……元大都街道分布的基本形式是：在南北向的主干大道的东西两侧，等距离地平列着许多东西向的胡同。元大都内的胡同，其规划是以相邻两城门区间为一区域。近些年来，通过对元大都光熙门至大都城东北隅进行勘查，发现一共有 22 条东西向的胡同。更令人感到惊讶的是，现在北京东直门至朝阳门之间现仍保存的东西向胡同也是平列的 22 条。这足以说明了，当时元大都城市规划的格式是相邻两城门区间内平列 22 条胡同。现在北京东西长安街以北的街道，因为同时在元大都和明北平城内存在，所以没有多少改动，基本都是保留着元大都时期的格局。现在北京城内的基本格局就是沿袭了元大都城街道的布局。

元朝统治疆域非常广阔。因为其为京师，所以也是政治和文化中心。其人口众多，经济繁荣。据《析津志》记载，元大都城内外的商业行市有 30 多种。如米市、面市、缎子市、皮帽市、帽子市、穷汉市、鹅鸭市、珠子市、沙剌市（即珍宝市）、柴炭市、铁器市……其中很大一部分都是在现在的北京积水潭北的钟鼓楼一带。其繁荣的经济景象也体现出了元大都作为封建社会都城的经济特点。

元大都平面呈东西短、南北长的矩形，辟十一门，南、东、西三面各三门，北面二门，所以经常被称为哪吒“三头六臂两足”。在建造元大都的时候，首先在全城的几何中心位置建立“中心之阁”，然后以此为标准向四面拓勘城址。皇城在中心阁的南边。皇城四周都是红墙，所以也被称为“萧墙”，其正门称棂星门，左右有千步廊。萧墙的东墙外是漕运河道。皇城并不是以大内宫城轴线为基准进行东西对称的，而是以太液池为中心，四周布置三座宫殿至大内、隆福宫和兴圣宫，这将蒙古人的“逐水而居”的特点充分体现出来。大内正门为崇天门，北为厚载

元大都遗址

门，东为东华门，西为西华门。在崇天门前有金水河，而且河上有周桥。大内正殿是大明殿，元朝的皇帝在这里居住和处理政事，面阔11间，后有廊庑连接后殿。大明殿之后为延春阁，是皇后所居住的地方。除此之外，还有其他一些建筑，如玉德殿、内藏库、鹰房、羊圈……皇城外的南面和东南为衙署区，北面的积水潭一带是闹市，东面为太庙，西面为太社稷，加上城垣每面各开三门，均符合《周礼·考工记》中“九经九纬”“面朝后市”“左祖右社”的相关记载。在中心之阁西面是鼓楼和钟楼，其为全城的报时机构。钟鼓楼的西面是积水潭，其为元代漕运终点，同时也是全城最繁华的商业区。元大都的道路是土路，在建城的时候，在主干道两侧设置了排水明沟，而且用条石砌筑。在明朝之后，很多明沟被加盖覆盖，最终变为暗沟。

元大都城防体系包括城墙、城门和护城河。城墙是夯土筑成。筑城时采用宋代的旧法，也就是在城墙内先设永定木，然后再加横向的纴木，最后加土夯筑。因为北方夏季多雨，如果是土城墙的话容易被雨水冲刷和浸泡，最终导致坍塌，所以在建城的时候曾经打算用砖石包覆，然而因为财政上不允许，所以也就没做。后来元朝政府专门抽调军队，负责收割芦苇、编织苇席，在每年夏季来临的时候用苇席覆盖城墙墙体，所以称为“苇城”，民间俗称“蓑衣披城”。然而在元文宗的时候天下大乱，为了防止百姓放火焚烧苇席，所以就终止“苇城”之举，而是在墙体有松垮的时候临时征调民夫修补。元大都城城墙走向取直线。南城墙西段顺承门与丽正门之间有一处城墙呈向外凸出的弧形。据《析津志》记载，在修筑南城墙的时候，该段城墙走向正值庆寿寺西的海云、可庵二大师塔，“时相奏，世祖（忽必烈）有旨，命圈裹入城内”。

元大都共有11门。而城门的命名与《周易》卦象存在很大关系。南垣正中为丽正门，取《周易》“日月丽乎天”之意；东为文明门，取《周易》“文明以健”“其德刚健而文明”之意；西为顺承门，取《周易》“至哉坤元，万物滋生，乃顺承天”之意。东垣正中为崇仁门，取东方属春、属仁之意；南为齐化门，合《说卦传》“齐乎巽，巽东南也”之意；北为光熙门，取《周易》“艮（东北），止也……其道光明”之意；西垣正中为和义门，取西方属秋、属义之理；南为平则门，北为肃清门；北垣东为安贞门，取《周易》“乾上坎下……安贞吉”之意；西为健德门，取《周易》“乾者健也，刚阳之德吉”之意。而元大都城门的街道则是采用了宋金时代的旧做法，是大木过梁式方门。因为元代是通过无力平定天下而建立的朝代，所以没有外来威胁，因此未构筑瓮城。直到元朝末年，农民进行武装起义的时候开始修筑11门瓮城。而城门外设跨越护城河的木制吊桥。

元大都土城现存北段、西段城墙遗迹，以及护城河。现在已经被开辟为元大都遗址公园。人们仍然可以看到肃清门瓮城土墙南半部遗迹。

知识链接

元大都50坊

因为元大都是新建的，所以其在城市布局和格局上并没有受到旧城的约束。因此，其居民区与金中都新旧坊制混合形式不同，全部都是开放形式的街巷。根据方位，元廷将大都街道分为50坊：福田坊在西白塔寺，也就是现在的北京白塔寺一带。阜财坊在顺承门内金玉局巷口，即今北京民族文化宫以北。金城坊在平则门内，即今北京阜成门内大街以南之大水车胡同一带。玉铉坊在中书省前相近，即今北京故宫午门以东。保大坊在枢密院北，即今北京王府井大街一带。灵椿坊在大都路总管府北，即今北京安定门内大街之西灵光胡同一带。丹桂坊在灵椿坊北。明时坊在太史院东，即今北京建国门内观象台一带。凤池坊在斜街北，地近海子，即今北京鼓楼西大街以北。安富坊在顺承门羊角市，即今西皇城根南街以西、甘石桥东北。怀远坊在大都城西北隅。太平坊有大承华普庆寺，在今北京西直门内宝产胡同一带。大同坊、文德坊元大都国子学和宣圣庙，即今北京国子监一带。金台坊有齐政楼，即今北京旧鼓楼大街一带。穆清坊，靠近太庙，在今北京朝阳门内以北。五福坊，坊在中地，或在中心阁附近，即今北京鼓楼一带。泰亨坊，地在大都城东北。八政坊，地近万斯仓、八作司。时雍坊，有庆寿寺，即今北京电报大楼西侧一带。乾宁坊在大都城西北。咸宁坊、同乐坊、寿域坊、宜民坊、析津坊、地近海子，即今北京积水潭东北、鼓楼西大街一带。康衢坊、进贤坊、嘉会坊，在大都城南部。平在坊，在大都城北部。和宁坊、智乐坊、邻德坊、有庆坊、清远坊，在大都城西北隅。日中坊，在今地安门西北。寅宾坊，在大都城东部。西城坊，在大都

城西部。由义坊，在今北京阜成门内北三里。居仁坊，在大都城东市。睦亲坊，地近诸王府。仁寿坊，地近御药院，在今北京隆福寺一带。万宝坊，大内前右千步廊之西，在今北京故宫午门以西。豫顺坊，有福寿兴元观，即今北京西直门内桦皮厂胡同一带。五云坊，大内前左千步廊之东，即今北京故宫午门以东。湛露坊，近官酒库，在大都城东部。乐善坊，地近诸王府，与睦亲坊相近。澄清坊，地近御史台，在今北京米市大街甘雨胡同一带。元大都的坊皆以街道为界线，虽有坊门，但无坊墙，坊门只不过是标志而已。《析津志》称元大都有50坊，然而《日下旧闻考》引《元一统志》只列49坊，或许是有遗漏。《析津志》又载有里仁坊、发祥坊、善利坊、乐道坊、好德坊、招贤坊、善俗坊、昭回坊、居贤坊、鸣玉坊、展亲坊、惠文坊、请茶坊、训礼坊、咸宜坊、思诚坊、东皇华坊、明照坊、蓬莱坊、南薰坊、迁善坊、可封坊、丰储坊等坊名，但是在《元一统志》中并没有记载。《析津志》在元朝末年成书，其所记载的坊名或许是当时的旧坊所改，或许是在元朝末年所新增加的。

第二节 明清北京城的故事

北京历来被风水学家称为“山环水抱必有气”的理想都城。其西部的西山，为太行山脉；北部的军都山为燕山山脉，均属昆仑山系。两山脉在北京的南口（南口是兵家要地）会合形成向东南巽方展开的半圆形大山弯，山弯

环抱的是北京平原。地势由西北向东南微倾。河流又有桑干河、洋河等在此汇合成永定河。在地理格局上，“东临辽碣，西依太行，北连朔漠，背扼军都，南控中原。”有利于发展和控制的战略的优势。

明成祖迁都

明成祖迁都北京是指明成祖朱棣将明朝的首都从南京迁往北京，这在中国历史上是具有重大意义的，直接影响了中国的政治、经济和文化发展。

从唐朝之后，江南经济发展迅速，其直接超越北方，成为全国的经济重心。位于长江三角洲西端的南京和其上下游的采石、瓜洲一起构成的江防体系是保证江南安全的直接屏障。另外，南京也有非常优越的地理条件。所以，凡是占据江南的地方性政权大都以南京为首都。而明太祖朱元璋就是以金陵作为基地统一全国建立明朝。在明朝初年，南京城自外而内有外城、内城、皇城、宫城四层。其当时是全国最大的城市。与其他历代都城相比，明朝南京的格局并不是特别规则。

北京位于华北平原的北端，其三面都被山地所环绕。从唐朝安史之乱以来，北京在全国的地位开始逐步上升。北京是辽的南京，金元两代的故都。在 1368 年，徐达攻克元大都，将其改名为北平。徐达将城市中大部分的居民都迁到了开封，而且还毁掉了元朝的宫殿，其在旧址堆土筑成景山。为了方便防守，将北面城垣南移。因为运河淤塞，所以南方的物资通过海运和陆运而被运送过来。就这样，本来较为繁华的元大都就变成了一座冷清的北方边城。洪武三年，太祖四子朱棣受封燕王。洪武十三年，燕王之国在北平设立王府，也就是我们所说的燕京。在徐达死后，由燕王控制华北边防部队，从此，北平也就成为明朝北部边防的中心。

因为历代实现统一的王朝的都城都是在中原，所以在明朝统一全国之后，明太祖决定京师迁往北方。在洪武元年，明太祖下诏以汴梁为北京，以金陵为南京，其做法是对周唐两京故事的效仿。在洪武二年，朱元璋又在故乡凤阳营建中都，同时下令从江南移民中都。然而，因为开封和凤阳都经历过战乱，较为萧条和破乱，所以无法成为京师。于是，朱元璋就放弃了这种想法。在洪武十一年，改南京为京师。南京皇宫是通过填湖建立的。在其建成之后，因为地表不断下沉，逐渐形成南高北低的态势，从风水上来说是非常不吉利的。所以在洪武二十四年，明太祖派遣太子朱标考察关中地区，打算迁都西安。

但是在第二年朱标病逝，明太祖受到沉重打击，所以迁都之事就不了了之。

在靖难之役后的1403年，礼部尚书李至刚等奏称，燕京北平是皇帝“龙兴之地”，所以应当将其立为陪都。在听取了他们的建议之后，明成祖大力擢升燕京北平府的地位，以北平为北京，改北平府为顺天府，将其称为“行在”。另外，也开始迁发人民到北京。在永乐四年，下诏兴建北京皇宫和城垣。永乐七年，明成祖以北京为基地进行北征，而且在北京附近的昌平地区修建长陵。明成祖既然决定把自己的陵墓修在北京，说明了其已经下定决心迁都。在永乐八年，亲征回师后，明成祖下令开会通河，打通南北漕运。在永乐十三年完工后，全国各地的物资都可以通过漕运运送到北京城。永乐十四年，明成祖召集群臣，正式商议迁都北京的事宜。凡是提出反对意见的臣子，明成祖都给予了革职或者是严惩的处罚。在这种情况下，再也没有人敢反对迁都。第二年，北京紫禁城正式动工。永乐十八年，北京皇宫和北京城建成。以南京皇宫为蓝本，北京的皇宫在规模上更胜一筹。明成祖下诏正式迁都，改金陵应天府为南京，改北京为京师，然而在南京还是虚设了很多没有实权的六部等中央机构，称南京某部。

在迁都之后的永乐十九年初夏，紫禁城的奉天、华盖、谨身三大殿遭雷击，全部被焚毁。关于这个事件，朝廷上下议论纷纷。礼部主事萧仪认为，在迁都之后很多事情非常不方便，而且弃绝皇脉与孝陵，这是违背天意。听到萧仪这样说，明成祖非常生气，处死了萧仪。明成祖死后，明仁宗继位。因为在其作为太子期间在南京监国，所以在即位之后，看到残破的北京皇宫，明仁宗还是打算还都南京，于是下令修葺南京宫殿。随后，北京六部原印信收回，新印信重又加印“行在”，这相当于是把北京作为京师的地位废除了。但仁宗寿命较短，即位还没到一年就已经驾崩了。而此时还都的实际行动尚未展开。虽然明仁宗在遗诏中也表明了还都的愿望，但是即位的明宣宗还是暂缓了还都的计划。明宣宗的儿子明英宗继位后，正式确定北京为明朝京师，而且也不称为行在，从那之后明代的京师再也没有改变过。

在元大都沦陷，元朝灭亡之后的50年中，全国的政治中心又回到了北方。从石敬瑭向契丹割让燕云十六州后，北京附近地区已经有约5个世纪没有被汉族朝廷所统治。靖康之变后，整个华北地区也已经有近250年由异族统治。在明成祖迁都之后，北京及其周边地区已经成了明朝的核心统治地区，而且汉族政权对华北的控制已经达到了前所未有的程度。同意明成祖迁都意见的人认为，因为首都距离长城非常近，所以中央政府可以利用其位置优势

来抵御外敌的入侵。成祖本人就曾以北京为基地五次北伐元朝的残余势力，在军事防御方面，南京是无法与北京相比的。与此同时，天子戍边的气势以及皇宫和先帝陵寝俱在前线的事实，使得朝廷在面对危机的时候更有决心和信心。但是反对者则认为，迁都不仅给北京造成巨大的财政压力，而且提高了北京的地位，使得整个北方防线在向内收缩的同时也向北京集中，这对明太祖对北方边防进行均衡配置起到了破坏作用。明宣宗放弃开平等三卫后，在长城之外并没有据点，使得北京暴露了两翼，同时也容易使京师处于外敌的威胁之下。对于整个国家统治是非常不利的。

在明朝初期，与江南地区相比，华北较为贫困。北京的营建使北方的生产和人口迅速恢复。然而，因为北京的消费水平非常高，这使得本地的产品根本无法满足需要。如果想要从江南运输进来，必须依靠大运河。所以，在明清两朝，漕运对于经济的发展发挥着重要的作用。漕运的繁盛带动了运河沿线市镇的发展，同时也促进了北方经济的恢复。但是反对这一主张的人则认为，政治中心和经济中心的过分远离为明朝和继之的清朝经济增添了巨大的负担。另外，大运河直接关系着京师的发展，所以大运河虽然是经济行为，但是带有很明显的政治意义。在运河沿线发生水患的时候，政府只会更多地考虑漕运的意义，但是对周边百姓的安全却忽视了。

北京城命运的转折

明朝燕王朱棣选定北京为都城，其原因为他不仅要利用这里的地理优势，而且还要废除元代的剩余王气。根据朱棣的要求，当时的风水师采用将宫殿中轴东移，使元大都宫殿原中轴落西，处于风水上的“白虎”位置，这样就可以消除前朝的剩余王气。与此同时，凿掉原中轴线上的御道盘龙石，废掉周桥，建设人工景山。这样，就形成了主山（景山）—宫穴（紫禁城）—朝案山的风水格局。

北极风水格局的内居则更为细致，严格按照星宿布局，成为“星辰之都”。

中国古代将天空中央分为太微、紫微、天市三垣。紫微垣处在中央，是天帝居住的地方。在明朝的时候，皇帝将皇宫定名为“紫微宫”。当时的建筑师把紫禁城中最大的奉天殿（后名太和殿）布置在中央，供皇帝所用。奉天殿、华盖殿（中和殿）、谨身殿（保和殿）象征天阙三垣。而在三大殿下设

三层台阶，其主要是象征太微垣下的“三台”星。上面所提到的这三殿是“前廷”，属阳。以偶阴奇阳的数理，阳区有“前三殿”“三朝五门”之制，阴区有“六宫六寝”格局。“后寝”部分属阴，其布局全都是按照紫微垣。中央是乾清、坤宁、交泰三宫，左右是东西六宫，总计是十五宫，其与紫微垣十五星之数相吻合。乾清门至丹阶之间两侧盘龙六个列柱，象征天上河神星至紫微宫之间的阁道六星。午门在前，上面的五城楼又称“五凤楼”，是“阳中之阴”。内庭的乾清宫是皇帝寝宫，与皇后坤宁宫相对，是寝区中的乾阳，为“阴中之阳”。太和殿与乾清宫虽然同属阳，但是在地理位置上还是有很大差别的。太和殿以三层汉白玉高台托起，其前广场内明堂壮阔。但是乾清宫的前庭院，台基较为别致，前半为白石勾栏须弥座，后半为青砖台基，其形成独特的“阴阳合德”的和合。北京城凸字形平面，外城为阳，设七个城门，是少阳之数。内城为阴，设九个城门，为老阳之数，内老外少，形成内主外从。按照周易八卦，老阳、老阴可形成变卦，而少阳，少阴不变，内用九数为“阴中之阳”。内城南墙属乾阳，城门设三个，取象于天。北门则设两个，属坤阴，取象于地。皇城中央序列中布置五个门，取象于人。在这里，天地人全都具备。全城如同是宇宙的缩影。城市形、数匹配，与涵盖天地的八卦巨阵相似。

在使用色彩方面，其也是对“五行”思想的反映。宫墙和殿柱都是使用红色，红属火，其意思为正大光明。屋顶用黄色，黄属土、属中央，是皇帝必须居住的地方。皇宫东部屋顶用绿色，属东方木绿，属春，皇子居住在这里。皇城北部的天一门，其墙色为黑色，北方属水，为黑。在所有的单体建筑中，因为其性质不同，所以选用不同的颜色。藏书的文渊阁，用黑瓦、黑墙，黑为水，可克火，有利于藏书。而二层的文渊阁室内，上层为通间一大间，下层分隔为六间，这体现了《易经》中的“天一生水，地六成之”思想。在天安门至端门不栽树，其意为南方属火。在建筑的风水布局方面，其名称也与《易经》之理相合。南端的丽正门，与离卦的卦辞“日月丽乎天”相合。顺承门、安贞门在北部后宫，与坤卦“至哉坤元，万物滋生，乃顺承天”“安贞之地，应地无疆”相合。皇帝的乾清宫，皇后的坤宁宫，与乾、坤之义相合。除此之外，在数理上也合于易理。易卦阳为九，又以第五爻为“飞龙在天”称得位。所以皇帝被称为“九五之尊”。位于中轴线上的皇帝用房则都是阔九间，深五间，含九五之数。九龙壁、九龙椅、八十一个门钉、大屋顶五条脊、檐角兽饰九个。九龙壁面由 270 块组成，故宫角楼结构九梁

十八柱。所以，在明代洪武三十五年又明文规定军民不许九五间数。因为九五是皇帝的专用。故宫内总共房间数为9999.5间，其也是有“九五”之意。故宫广用红色，红主火、主明，有“光明正大”之意，符合易理和风水原理。

因为历代政府对北京故宫保护得特别好，特别是在新中国成立之后，中央政府将故宫列为国家级重点文物保护单位，这使得故宫成为世界上唯一保存完整的历经五个世纪的古都。明清时期的北京城完全是按照中国风水理论建造的，所以为风水学的发展提供了实证。

明清北京城也就是今天中华人民共和国的首都北京，它是中国六大古都中唯一继承首都地位的城市，集中国历代都城建设之大成。1403年改北平为北京，1406年开始筹建北京宫殿城池，1421年正月完工，明成祖正式定都北京。明代的北京城是在元大都基础上进行改建的，呈东西向的长方形。这次修建对宫城和皇城进行了重建。在1553年，又修筑外城，虽只是建成了南侧一面，但北京城的基本轮廓已然形成了，即宫城、皇城、内城和外城。

宫城即紫禁城，也就是今天的故宫，位于内城中部偏南地区，为南北向的长方形。宫城设置八门，南面为承天门（清改为天安门）、端门、午门、左

紫禁城

掖门、右掖门，东为东华门，西为西华门，北为玄武门（清改为神武门）。宫城中压在中轴线上的建筑物主要有7座，以乾清门为分界线，分为前后两部分，即前朝后庭。前三殿为奉天殿（嘉靖四十一年改为皇极，清时改为太和）、华盖殿（同上改为中极，清改为中和）、谨身殿（同上改为建极，清改为保和），后三殿为乾清宫、交泰殿、坤宁宫。在宫城周围还有护城河，称为御河（清称筒子河）。虽然清朝时期紫禁城的建筑物进行了多次重建，但基本上保留了明代的规模。

皇城在宫城之外。东部为宫城，西部为西苑（元为西御苑），中部为太掖池（即元太液池，增开南海）。皇城有六门："正南曰大明（清时改为大清门），东曰东安，西曰西安，北曰北安（清时改为地安门），大明门东转曰长安左，西转曰长安右。"

内城即元大都城改建而成。正南为正阳门（即前门），左崇文门，右宣武门；东之南为朝阳门，北为东直门；西之南为阜成门，北为西直门；北之东为安定门，西为德胜门。嘉靖年间，又筑"重城……门七，正南曰永定，南之左为左安，南之右为右安；东曰广渠，东之北曰东便；西曰广宁（清称广安），西之北曰西便"。

外城中首先形成的是市区，后来筑城墙，街巷较为密集，但是其并不是都是笔直的。通向各个城门的大街大多也是以城门命名，如崇文门大街、长安大街、宣武门大街、西长安街、阜成门街、安定门大街、德胜门街……这些被各条大街所分割的区域中有很多街巷。

居民区仍以坊相称，坊下称铺，或称牌。而居民住宅就是典型的四合院。据统计，明代北京城中城区有9坊，68铺；东城区有5坊，朝阳、东直关外，郑村霸，37牌，199坊；西城区有4坊，河漕西，朝天宫西，阜成、西直关外，20牌，101铺；南城区有8坊，49牌，247铺；北城区有7坊，安定、德胜关外，90铺。全城及附近郊区共有33坊，106牌，705铺。

明代时期的北京城除了设置二县之外，还设置了与二县地位相当的五城兵马司，其主要是处理"刑名盗贼"。事实上，五城兵马司的行政职能等同于现在的市政机构。中城兵马司在仁寿坊，东城兵马司在思城坊，南城兵马司在城外正阳街，西城兵马司在咸宜坊，北城兵马司在教忠坊。

关于北京的市场，主要是沿街道设置的，形成了几个主要的市场区。明初的市主要集中在皇城四门、东四牌楼、西四牌楼、钟鼓楼，以及朝阳、安定、西直、阜成、宣武门附近。

紫禁城的故事

紫禁城也就是故宫。故宫文化具有很多方面的特点，其直接关系着中国文化建设。任何一个民族和国家，其文化建设必须以历史经典文化为依托，只有这样才能使经典文化得以延续和发展。

根据一些资料，我们可以得知，紫禁城南北长 961 米，东西宽 753 米，占地面积达 72 万平方米。有房屋 980 座，共计 8704 间。四面环有高 10 米的城墙和宽 52 米的护城河。在城墙的四面都有一座城门，其中南面的午门和北面的神武门现在是供游客出入的。城内宫殿建筑布局沿中轴线向东西两侧展开。其红墙黄瓦，画栋雕梁，金碧辉煌。而且错落有致的殿宇楼台如同是人间仙境。城之南半部以太和殿、中和殿、保和殿三大殿为中心，两侧辅以文华殿、武英殿两殿，是皇帝举行朝会的地方，所以被称为“前朝”。而北半部则以乾清宫、交泰殿、坤宁宫三宫及东西六宫和御花园为中心，其外东侧有奉先、皇极等殿，西侧有养心殿、雨花阁、慈宁宫等，主要是皇帝和妃嫔们居住、举行祭祀和宗教活动以及处理日常政务的地方，被称为“后寝”。除此之外，还有其他一些宫殿，如斋宫、毓庆宫、重华宫……整组宫殿建筑布局谨严，秩序井然，无论是在哪一方面都遵循了封建等级礼仪制度，将皇帝的至高无上充分体现出来。在封建时代，紫禁城是不允许普通百姓靠近的。

紫禁城的名称是借喻紫微星坛而来的。中国古代天文学家曾把天上的恒星分为三垣、二十八宿和其他星座。三垣包括太微垣、紫微垣和天市垣。紫微垣处于三垣中央。通过不断观察，中国古代天文学家说，紫微星垣居于中天，其位置永远都不会发生变化，所以就成了代表天帝的星座。同时，这里也是天帝所居住的地方。所以，把天帝所居的天宫谓之紫宫，而“禁”，则是指皇家重地，闲杂人等是不容许靠近的。

封建皇帝自认为是天帝的儿子，所以他们所居住的皇宫就被比作成天上的紫宫。他们希望自己可以在紫宫中施政以德，维持江山稳定。明清两代的皇帝，为了维护他们自己的权威和尊严以及自身的安全，其所修建的皇宫不仅富丽堂皇，而且森严壁垒。明王朝的皇帝及其眷属居住的皇宫，除了服侍他们的宫女、太监、侍卫之外，其他人员是不允许进入的。只有那些被召见的官员以及被特许的人员才能进入。所以，明代的皇宫，不仅是紫宫，而且是禁地，所以称为“紫禁城”。

据统计，北京紫禁城占地面积 724250 平方米，当然，其包括护城河和城墙的绿化带。如果只是算宫殿面积的话，则有 163000 平方米。紫禁城是一座长方形的城池，城墙外的护城河是护卫紫禁城的重要设施。

北京紫禁城是蒯祥（1398—1481）及以蒯祥带领的香山帮匠人集体营造的。蒯祥是总设计师。蒯祥是苏州香山渔帆村人。香山不仅是山名，而且也是地名，今属苏州胥口镇。香山帮以木匠领衔，是一个集木匠、泥水匠、石匠、漆匠、堆灰匠、雕塑匠、叠山匠、彩绘匠等古典建筑中全部工种于一体的建筑工匠群体。在明朝永乐年间，蒯祥设计营造了北京故宫、天安门、午门和两宫。在明朝正统年间，蒯祥领导过重建三大殿、五府、六部衙署和御花园的建设。京城中文武诸司的营建也大多数出于他手。他奠定了明清两代宫殿建筑的基础，因此，为了纪念他，明代故宫的鸟瞰图上有蒯祥的画像。

紫禁城位于北京都城正中，中轴线穿过皇城正中，也就是穿过紫禁城中三大殿、后三宫。紫禁城正门是正南面的午门，也被称为“五凤楼”。宫城中最高的一座门就是午门，在这里经常举行一些重大的仪式。其北门是神武门，东门为东华门，西门为西华门。宫城中除了有“外朝”和“内廷”两部分之外，宫城内还有禁军的值房和一些服务性建筑以及太监、宫女居住的矮小房屋、宫城正门午门至天安门之间，在御路两侧建有朝房。在朝房外，东为太庙、西为社稷坛。除此之外，宫城北部的景山也是附属于宫殿的另一组建筑群。

太和门建于永乐十八年，它是外朝三大殿的正南门，在明朝初期被称为“奉天门”，在清代的时候改为“太和门”。它坐落在三米高的一层石须弥庭上，面阔九间，进深四间，是中国现存古建筑中最高、最大的门。它的屋顶形式为重檐歇山式。在门前摆着一对高大的青铜狮子。太和门两侧还有昭德、贞度二门；庭院的东西面有协和、熙和二门；各座门之间都有庑房相连，在东北、西北两个角上还建有崇楼。所有的这些门都比太和门小，所以使得太和门在整个广场中较为突出。进太和门之后是更大的庭院。在这个庭院中可以容纳万人的仪仗队伍。广庭中是外朝三大殿：太和殿、中和殿和保和殿（明朝称：奉天殿、华盖殿、谨身殿，嘉靖时改名：皇极殿、中极殿、建极殿）。

北京故宫太和殿是“东方三大殿”之一，也是中国现存最大的木结构大殿，我们通常称其为“金銮殿”，它象征着皇权。太和殿位于北京紫禁城南北主轴线的显要位置，在 1420 年建成，称为“奉天殿”。在 1562 年改称“皇极殿”，在 1645 年改为太和殿。在其建成之后屡次遭到焚毁，所以也进行了多次修建，现在我们所看到的是 1695 年重建后的形制。太和殿是整个宫城的建

乾清宫内部

筑主体及核心空间，上承重檐庑殿顶，下坐三层汉白玉台基，采用金龙和玺彩画，屋顶有11件仙人走兽，11间开间，它们都是采用最高的形制。殿前设有广场，可容纳上万人朝拜庆贺，整个宫殿气势恢宏，太和殿匾额为“建极绥猷”，它是乾隆皇帝御笔而为。太和殿建筑庄严堂皇，殿内中央摆有金漆雕龙宝座，两旁直立6根盘龙金柱，上为穹隆圆顶，被称为“藻井”，其有镇压火灾的意味。“井”内巨龙盘卧，口衔宝球，称为“轩辕镜”，分外精美。太和殿外左右安放四只大铜缸，象征“金瓯无缺”；东有日晷，西有嘉量，说明了皇权是公正平允的。另有铜龟、铜鹤各一对，象征“龟鹤千秋”。太和殿面阔11间，进深5间，是紫禁城内规模最大的殿宇。殿前的平台非常宽阔，被称为“丹陛”，俗称“月台”。殿下是三层汉白玉石雕基座，周围环以栏杆。栏杆下安有排水用的石雕龙头，每到雨季的时候就能看到千龙吐水的奇景。太和殿是皇帝举行登基大典，庆典及接受文武百官朝贺的地方，如果是遇到将帅受命出征，需要在太和殿受印。

太和殿后的中和殿是一座平面呈中方形，深、广各三间，周围加廊的建筑。屋顶为单檐攒尖式、铜胎鎏金宝顶，是皇帝到太和殿上朝的时候休息和演习礼仪的地方。中和殿后的保和殿，是每年除夕皇帝赐宴外藩王公的场所。

在清朝时期，在保和殿中举行殿试。

内廷的正门是乾清门，在它的前面有一个扁长的庭院，俗称横街。横街的南面则是保和殿，保和殿后北面直下三层台基就能到达横街，因此这里是外朝和内廷的交接部分。乾清门位于横街之北，居中面向南，它是一座面阔五开间，单檐歇山屋顶，下有白石台基的殿式大门。与太和门相比，乾清门的规格稍低，在门的两旁各有一座琉璃装饰的影壁呈八字形分列左右。这对影壁为砖筑，红墙上有琉璃檐顶，下有琉璃须弥座，壁面的中心和四角也都有琉璃装饰。

乾清宫是故宫内廷正殿，是内廷后三宫之一。面阔九间，进深五间，高20米，是黄琉璃重檐庑殿顶。乾清宫始建于1420年，明、清两代曾因数次被焚毁而重建，现有建筑为1798年所建。

乾清宫是皇帝处理日常政务、批阅各种奏章的地方，后来皇帝还在这里接见外国的使节。每当各种节日的时候，这里都会举行家族宴会。皇帝驾崩后，将灵柩停放在此殿。明朝历史中，有名的“壬寅宫变”“移宫案”“红丸案”等案件都发生在乾清宫。乾清宫宝座上方悬“正大光明”匾，它是雍正之后的皇帝秘密储藏传位诏书的地方，其神秘色彩非常浓厚。

乾清宫是后三宫之首，它位于乾清门内。“乾”意为“天”，“清”意为“透彻”，它一方面象征着国家如透彻的天空一样稳定，另一方面也象征皇帝的所作所为如同透彻的天空一样坦荡。

坤宁宫在乾清宫的北面，也是面阔九开间，重檐庑殿顶的大殿。它在明朝和清朝初期一直是皇后居住的地方。在清朝顺治帝时，按照满族的风俗，对坤宁宫进行了改造，把宫内分为东西两部分。在西面部分，沿着墙添置了环形大炕，室内安置了大锅。在坤宁宫的东面部分则建成为皇帝结婚的洞房，东面成为入口，宫内有双喜的宫灯，红底金色双喜的影壁，靠北墙有龙凤喜床，床前挂着绣有百子图的五彩纱幔。

养心殿位于内廷乾清宫西侧，是一独立的院落。养心殿前殿面阔3间，进深3间，正殿面阔7间，进深3间，从雍正到清朝末年，皇帝大多在这里居住和处理政事。

在紫禁城的东部靠北半面是宁寿宫建筑群，它是一组完整的宫殿建筑群。在明朝时期，这里也有一组建筑，但是规模并不是特别大。在清朝乾隆年间，乾隆皇帝宣布退位后当太上皇养老在此建了宁寿宫，其较为完整，分为前面的宫殿和后面的寝居两部分。在后面的寝宫中可分为三个区，中路是居住区，

东路是娱乐区，西路是园林区。整个建筑群都被高墙所围绕，其较为封闭且相对独立。

宁寿宫建筑群的正面入口是皇极门，在其门前有一个横向的庭院，左右两边分别是钦禧门和锡庆门，南面正对着皇极门的是影壁，组成门前的广场。皇极门用琉璃在墙外做成三间七楼加垂莲柱的三座门形式，三个门洞上都有琉璃瓦出檐，檐下有斗栱、横梁，梁上有琉璃贴成的旋子彩画，门上有石制须弥座，门前放置水缸四只，整座大门虽然华丽，但是不失庄严。在皇极门的南面立有一座琉璃照壁，照壁上有龙九条被称为“九龙壁”。

进入皇极门后就达到宁寿门前的庭院，庭院中非常宽阔，而且四周都种有松树。宁庆门位于庭院北面的中央，五开间面阔，单檐歇山式屋顶，下面是一层白基座，基座前面有三条台阶，中间是御道，大门东西两侧各有影壁呈八字形摆开，门前左右还有两座鎏金铜狮，无论是从形制上，还是从规模上，整座大门与后三宫的乾清门都非常相似。

紫禁城自 1407 年开始建造，在明清时代不断进行改建和增建，特别是明代嘉靖时期的改制和清代乾隆年间的改建，使得紫禁城成为现在我们所看到的规模。从紫禁城的建筑中，我们可以体会中国古代建筑文化的博大精深。

知识链接

永安寺的狮子

北京寺庙门口的石狮子，除了北海永安寺以外，都是头朝前的，而唯独永安寺的狮子头朝后。相传康熙年间的一天夜里，一位神仙跑到永安寺狮子面前说，我可以让你们出去玩一玩，见见世面。狮子们一听非常高兴，急忙要求神仙帮助它们。可神仙告诉它们，必须在天亮之前回来。随着神仙的点化，两个狮子活了，它们到北海里面玩了个够，等到天快亮了的时候，两只狮子回到了庙门，而还有两只没有回来，回来的狮子焦急地回头等着同伴，但是始终没有出现。天光大亮，四只狮子变成了石头，庙门的狮子头朝后，另两只则散落在了北海里面。

第五章

圣城神都——洛阳

洛阳，简称“洛”，因为处于古洛水北岸，所以称为此名。洛阳的建城史和建筑史都非常悠久。从夏朝开始，有13个王朝、105位帝王在此定鼎九州。另外，洛阳文化也非常浓厚，在这里诞生了河图洛书，儒、释、道、玄、理也是从这里开始。洛阳交通较为便利，它是丝绸之路与隋唐大运河的交汇点，以洛阳为中心的河洛地区是中华文明的发源地，“中国”这个词就是来源于洛阳，它是中国历史上唯一被命名为“神都”的城市。洛阳是世界“四大圣城”之一，首批中国历史文化名城，全国文明城市，是欧洲人最向往的城市，是中国最适合休闲娱乐的城市。

第一节 九州腹地

洛阳市位于河南省西部，位处亚欧大陆桥东段，横跨黄河中游南北两岸，“居天下之中”，素有“九州之腹地”之称。洛阳有着优越的地理环境条件，它位于暖温带南缘向北亚热带过渡地带，属暖温带大陆性季风气候和亚热带季风气候，不仅四季分明，而且气候宜人。洛阳东邻郑州，西接三门峡，北跨黄河与焦作接壤，南与平顶山、南阳相连。洛阳地势西高东低。在其境内山川丘陵交错，有着较为复杂的地形。其中山区地形占有一半，周围有郁山、邙山、青要山、荆紫山、周山、樱山、龙门山、香山、万安山、首阳山、黛眉山、嵩山……在其境内还有不少河流，分属黄河、淮河、长江三大水系，黄河、洛河、伊河、清河、磁河、铁滦河、涧河、瀍河……有“四面环山六水并流、八关都邑、十省通衢”之称。因为洛阳处在中原地区，且山川纵横，西靠秦岭，出函谷就是关中秦川；东临嵩岳；北靠太行且有黄河之险；南望伏牛，有宛叶之饶，因此有“河山拱戴，形势甲于天下”的称号。

八关都邑的历史

洛阳是一座在世界上唯一能号称国色天香的古都。有着悠久的文明史、建城史和建都史。不仅具有自然之美、人文之美、思想之美，还有城市之美，是人类最早的“山水城市”“园林城市”。美国城市规划学家西蒙兹教授称：这里是人类“古代最佳人居环境城市”。洛阳曾经是十三朝文明的古都，这里曾经是世界辉煌的焦点。

洛阳在历史上还有其他曾用名或者是别名，如斟鄩、洛邑、洛师、成周、王城、雒阳、东都、东京、神都、洛京、京洛、洛都、洛中、嵩京、中京、

西京。其历史地位不仅是地理上的，更是华夏儿女心理上的。无论是从神话英雄传说角度，还是从历史考古断代的角度考虑，洛阳都是中华文明的发祥之地，同时也是中国70%宗族大姓的起源地，更是全球1亿客家人的祖籍地，亦是儒释道三教的滥觞地。可以说，以洛阳为中心的河洛地区是中华文明的重要发祥地，而河洛文化是中华民族的根文化。在世界范围内来说，想要探寻中华文化之根源，必须到河洛之间的洛阳地区进行探寻。

洛阳位于河洛之间，同时也在中原地区，不仅有北方中原大地的敦厚磅礴之势，而且还有江南水乡的妩媚之质。自开天辟地之后，洛阳成为天人共羡之神都。它不仅是中国最早的政治首都，更是中华思想与文化的源头圣地，所以它应当是中华民族历史的精神首都。

洛阳城北据邙山，南望伊阙，东据虎牢，西控函谷，其四周被群山所环绕，有着较为险要的军事地理位置。有“八关都邑”“河山拱戴，形势甲于天下”之称；而且雄踞“天下之中”，东压江淮，西挟关陇，北通幽燕，南系襄荆，人称“八方辐辏”“九州腹地”“十省通衢”。另外，相传洛阳是中华大地龙脉集结的地方，所以成为历朝历代诸侯必争的地方，它是历史上重要的政治、经济、文化中心。

以洛阳为中心的河洛流域地区是华夏文明的重要核心发祥地。在这里诞生了非常多的神话传说，如中国古代伏羲、女娲、黄帝、尧、舜、禹……与此同时，洛阳也是中国文明历史中最为古老的帝都王城，在河洛文明中诞生了很多中华民族的称谓，如华夏，中华，中土，中国，中原，中州……洛阳二里头遗址距今大约3800至3500年，相当于中国历史上的夏、商时代。在1960年在二里头遗址的上层发现一处规模宏大的宫殿基址，它被认为是夏朝都城的所在地。

尧

洛阳是中国影响力最大的都城，其建都史非常悠久。另外，洛阳也有“九朝古都”之说，因为乾隆在御封嵩阳书院大门对联中写道“九朝都会”。与此同时，在中国传统文化中，“九”也虚指“多”，所以在中国历史上，洛阳长期作为政治、经济和文化中心而存在。历代的文人骚客都对洛阳评价非常高，如周公曰“此天下之中，四方入贡，道里均焉”；汉高祖曰“吾行天下多矣，唯见洛阳”；汉班固曰“光汉京于诸夏，总八方而为之极”；北魏孝文帝曰“峭函帝宅，河洛王里”；唐太宗曰“峭函称地险，襟带壮两京”；唐玄宗曰“三秦九洛，咸曰帝京”；韦应物说“雄都定鼎地，势据万国尊”；宋太祖曰“吾欲迁洛，以据山河之险而去冗兵，循周汉故事以安天下也”；司马光曰“欲知天下兴废事，请君只看洛阳城”……

洛阳是中华文明的发源地。据史学考证知，这里不仅是中华文明的源头，而且也是道学和儒学的发源地，而经学曾经在这里繁盛，佛学首先传到这里，玄学在这里形成，同时也是理学的源头。洛阳是中华姓氏主根、闽南、客家之根。在洛阳出土了中华民族最早的历史文献“河图洛书”。伏羲，作为人文始祖，发现了“河图”与“洛书”，发明了“八卦”，成为中华民族的瑰宝。除此之外，还有其他一些成就都是在这里完成的，如老子著有《道德经》，杜康造酒、洛阳杜康名闻天下，苏秦佩六国相印，纵横游说于六国之间，才子贾谊博怀济世文章，班超出使西域，班固修《汉书》，许慎著《说文解字》，司马光编修《资治通鉴》，张衡发明浑天仪、地动仪，蔡伦发明造纸术，虞初的《周说》，陈寿的《三国志》，欧阳修的《新唐书》《新五代史》……程颐、程颢兄弟开创宋代理学，著名的“建安七子”“竹林七贤”“金谷二十四友”等在这里云集，谱写华彩篇章。以洛阳为中心的河洛文化和河洛文明是中华民族文化的核心和源头，其也成为华夏文明不可或缺的重要部分。

十三朝古都

洛阳曾经是十三个王朝的都城，即夏、商、西周、东周、东汉、曹魏、西晋、北魏、隋、唐、后梁、后唐、后晋，它是中国建都最早、朝代最多、历史最长的都城。

“十三朝”古都是官方的说法，但是根据史书记载和考古发现，如果加上西汉和武周两个朝代的都城，共有十五个正史朝代，这在史学界也得到了认可。

十七朝古都是在“十五朝古都”基础之上加上战国韩、民国两个朝代。洛阳曾经是中华民国的行都，在淞沪之战和八年抗战中，曾迁都两次：第一次迁洛阳为“行都”，第二次迁重庆为“陪都”，但是中华民国法定的首都仍然是南京。依史书记载和建都时间，洛阳先后有夏、商、周、战国韩、汉、曹魏、晋、北魏、隋、唐、武周、后梁、后唐、后晋、中华民国十五个建都朝代，新、后赵、东魏、北周、后汉、后周、北宋、金八个陪都朝代，所以，洛阳是中国历史上建都最早、朝代最多、时间最长的都城是有事实依据的，更是不容置疑的。

从历史上来说，以洛阳城为中心的河洛地区被称为“河南”，其与“河东”“河内”相对应。同时，这里也是华夏民族最早的政治活动中心。自从有历史记载开始，洛阳一直是河南地区的政治中心。在西周时期，周成王时周公营雒邑，而这里也就成为成周城所在，同时也是西周王朝的东都，直属于周天子。在东周时期，雒邑为首都，其余部分与西周没有什么区别。在战国时期，雒邑改称雒阳。秦置三川郡，郡治雒阳，辖今三门峡市、洛阳市、巩义市、荥阳市、郑州市区、中牟县、原阳县。

在西汉时期，河洛地区东部是东都洛阳为中心的河南郡，西部属弘农郡。从这个时候开始，河南就正式成为行政区划中的一个地理名词，其一直持续到清朝。在此期间，无论是“河南郡”“河南尹”，还是“河南府”，其所指的都是以洛阳为中心的地区。此时的河南郡，辖今偃师市、孟津县、巩义市、荥阳市、郑州市区、中牟县、新郑县、新密市、原阳县、汝阳县、伊川县、汝州市。西部属弘农郡的有今天的三门峡市全部、宜阳县、新安县、洛宁县、嵩县、栾川县。

东汉时期，河洛地区的建制与西汉时期基本相同，只是河南郡改为河南尹，其辖区并没有发生变化。

三国时期，属曹魏。雒阳改称洛阳，其在行政建制方面基本上是沿袭了东汉时期。但是河南尹的统辖范围有所增加，此时的河南尹包括今天的偃师市、孟津县、巩义市、荥阳市、郑州市区、中牟县、新郑县、新密市、原阳县、汝阳县、伊川县、汝州市、登封市、禹州市、嵩县。与两汉时期相比，其多了登封、禹州和嵩县。

在西晋时期，其各方面基本上沿袭了两汉的旧制。但是也有所区别，那就是河南尹又改回河南郡，同时东部析置荥阳郡，包含今天的荥阳市、郑州市区、中牟县、新郑市、新密市、原阳县。与此同时，河南尹向西又有所扩

展，包含了新安县和宜阳县东部。在这个时候，河南郡包含的地区有偃师、孟津、巩义、登封、汝州、伊川、汝阳、禹州、嵩县、新安。

东晋十六国时期，因为战争频仍，国家较为混乱，所以其行政区划已经无从考证。但是有一点可以肯定，那就是河洛地区仍为以洛阳为中心的河南郡。而其附近的其他各郡基本没有变化。

北魏统一北方后，迁都洛阳，又改河南郡为河南尹。而且还设立了渑池郡，其他各郡无变化。但是增加了很多县。

隋朝统一天下，复改河南尹为河南郡，其中心仍然是东都洛阳。管辖地区有现在的偃师、孟津、巩义、登封、伊川、嵩县、宜阳、新安、渑池、陕县……汝州、汝阳归属襄城郡，郡治从襄城迁到汝州。

到了唐朝时期，其行政区划发生了很大的变化，河南郡改为都畿道河南府，仍以洛阳为中心。所管辖的地区比隋朝时期的河南郡有所扩大，加入了现在的禹州市、新密市、洛宁县、济源市、温县、孟州市。

到了五代十国，国家又出现了大乱，增设陕州、孟州，所以河南府的辖区很可能又回到隋朝河南郡的范围。

北宋时期河南府以西京洛阳为中心，辖今日巩义、登封、渑池、偃师、孟津、伊川、新安、宜阳、洛宁、嵩县。

南宋时期金国河南府辖区有所缩小，辖今日巩义、登封、渑池、偃师、孟津、新安、宜阳大部、伊川小部分地区。

在元朝设河南江北行省，在此之后，“河南”所指代的范围不再局限于河洛地区。但是以河南为中心的河南府一直存在到清朝末年，只是作为河南江北行省或者河南省的次级行政区。元代时期的河南府路向西扩展，收纳了灵宝、陕县、洛宁，其他辖区不变。

明朝河南府进一步扩大，又增加了卢氏、栾川、嵩县、伊川大部。

清朝从河南府析置陕州，包括今天的陕县、灵宝、卢氏，以及栾川一部分地区。

1912 年，在中华民国成立之后，废除河南府，设河洛道，管辖洛阳、偃师等 19 县。1923 年，河南省长公署迁于洛阳，此时洛阳成为河南省会。1932 年，日军进攻上海，国民党政府定洛阳为行都，而且在洛阳办公。1938 年 6 月，华北大部分地区沦陷，洛阳成为北方抗日的门户，国民政府第一战区长官司令部驻洛阳。1939 年秋，河南省政府再次迁洛，洛阳第二次成为河南省会。

1948年，洛阳解放。洛阳市人民民主政府成立。1949年12月，洛阳市人民民主政府改称洛阳市人民政府。

1954年，洛阳市升格为河南省直辖市。1955年，撤销洛阳县，其中所管辖的部分地区并入洛阳市，其余部分划入偃师、孟津等县。1956年，建成洛阳市老城区、西工区和郊区，1957年成立瀍河区。1982年，经国务院批准，新成立吉利区。1983年新安、孟津、偃师改隶洛阳市，洛阳所辖登封市划归郑州市管辖。1986年，撤销洛阳地区，洛宁、宜阳、嵩县、栾川、汝阳、伊川改属洛阳市。1993年，偃师县改为偃师市。2000年6月，经国务院批准，洛阳郊区更名为洛龙区。

在洛阳周围的所有县中，有几个县跟洛阳的历史密切相关，其为偃师、孟津、巩义、登封。首先是偃师、孟津，从周朝以来就没有发生过变化。其次是巩义，从周朝一直到新中国成立也没有发生变化。最后是登封，从三国时期到新中国成立。而其他的各县（市）经历了与洛阳的分分合合。另外，自从西晋置荥阳郡后，现在的郑州市已经完全跟洛阳地区相分离。

知识链接

孔子问礼

孔子作为我国儒学的创始人，影响了两千多年的中国历史，可谓是家喻户晓之人。孔子本非河洛之人，其祖籍在今山东曲阜，但由于河洛之间的老子为当时著名的大学问家，孔子为向老子学习，不远万里来到洛阳向老子询问礼乐制度。这就是我们后世人所传诵的“孔子问礼”的典故。

第二节 古都的辉煌岁月

洛阳是中国著名的六大古都之一。它如同世界东方一颗璀璨的明珠见证了中国历史的演变。黄河是中华民族的摇篮，洛阳则是这个摇篮的中心。因为洛阳位于中原地区，且四面环山，其地理位置险要，所以易守难攻。历来成为兵家必争之地。因此，在中国历史长河中，有很多王朝都选择在这里建都。洛阳素有“九朝古都、八代陪都”之称。所谓“九朝”指东周、东汉、曹魏、西晋、北魏、武周、后梁、后唐、后晋九个王朝在洛阳建都。下面我们就详细了解一下。

夏朝的斟郡

禹在建立夏朝政权之后，为了更好地进行统治，就把天下分为九州，洛阳就是当时的豫州。禹将都城定在阳城（今河南登封），其与洛阳距离非常近。因此洛阳也算是夏朝统治的中心。在夏朝的第三个帝王太康（启的儿子）统治时期，其把都城迁到了洛阳。关于这一点，史书中有记载：“太康居斟郡，羿亦居之，桀又居之。”根据史学家考证，斟郡就在现在洛阳市偃师的二里头村附近。

夏朝时期，在太康即位之后，其过于贪图享乐，根本不理朝政之事，所以导致了东夷部的后异乘机反叛，并最终攻占了夏的都城斟郡，太康被赶走，夏王朝的统治权力被他人所掌握。这就是历史上著名的“太康失国”事件。在太康失国之后，其与弟弟仲康一起逃往东方，但是很快就死去了。而仲康的儿子相依靠东方诸侯国的残存势力来发展自己，但是处境特别困难，最终在相的儿子少康时才又恢复了夏王朝的统治，这就是历史上著名的“少康复

国”。在重新恢复夏王朝的统治之后，夏朝得到了进一步的发展，其活动区域以伊洛一带的河南地为中心，东通东海，西连西河，北及燕山，南逾长滩，其周围的所有部族都臣服于夏朝的统治。

在少康之后，夏朝的统治者都不选择在洛阳建都，最终在夏朝最后一个国王夏桀统治时期才又定都于斟鄩。这一点在《史记·吴起列传》得到了记载：“夏桀之居，左河济，右泰华，伊阙在其南，羊肠在其北。”这足以证明了洛阳的地理位置是非常重要的。总的来看，夏朝主要活动中心在洛阳，也就是史书中所记载的斟鄩。但是现在人们已经难以找到然斟鄩故城的遗迹了。根据史书中所记载的地理位置，我们可以判定夏代的斟鄩就是洛阳。因为考古实证资料较为缺乏，所以很多人仍然对其深表质疑。直到 1959 年中国社会科学院专家徐旭率队来豫西作夏墟调查时，在洛阳市偃师县城区西南 9 千米处的二里头村南高地上发现了沉睡几千年的夏都斟鄩，这一观点才被众人所接受。研究表明，洛阳在夏代太康、孔甲、帝皋、夏桀四个帝王统治时期曾是都城，而且也是夏朝的政治、经济、文化和军事中心。

偃师商城

纵观世界古国发展史，可以得知，中国是世界上为数不多的有独立起源的文明古国，它是四大文明古国中历史唯一没有间断过的国家。然而，在中国古代文献资料中，有确切历史记载的，较为可靠的绝对年代只是到公元前 841 年周厉王时。有不少西方学者和中国疑古派都在怀疑夏朝是否真正存在过。而且怀疑禹是神话传说中的动物，并非什么伟人。这样就把中国的历史缩短了一半。为此，国家在“九五”期间，把夏商周断代工程列入重大科研项目，其主要的任务就是厘清夏商分界与夏代的历史脉络。在发现二里头遗址之后，学者们对此进行了长时间的争论，最终通过各方面的印证，得出夏文化的持续时间在公元前 21 世纪至公元前 16 世纪间，后来被商朝取代的结论。这足以证明了中华文明起源非常早。

进入 20 世纪 90 年代以来，二里头遗址的发掘面积得到进一步扩大，而且也取得了很多方面的进展。二里头考古工作队第三任队长、社科院考古研究所研究员许宏博士非常热爱考古事业，他用诗样的语言说：“考古发掘显示，二里头遗址是中国古代最早的具有明确规划的都邑，开中国古代都城规划制度的先河，后世中国古代都城营建制度的许多方面，都可以追溯至二里

头遗址。”

二里头遗址位于偃师市翟镇镇二里头村，它被学术界公认为最引人瞩目的古文化遗址之一。作为全国重点文物保护单位，二里头遗址对于研究中华文明各方面都有重要的参考价值。

随着1899年甲骨文的发现和1928年安阳殷墟的发掘，殷商的存在再次得到了证明。对《史记·殷本纪》的肯定必然带来人们对《史记·夏本纪》也是信史的认识。就这样，在20世纪50年代，考古界提出了夏文化探索的课题。1959年夏，中国著名考古学家徐旭生先生率队在豫西进行“夏墟”调查时发现了二里头遗址，这标志着夏文化考古探索的序幕被拉开。

经过考古工作者对二里头遗址进行多方面的考古发掘，取得了一系列的进展。977年，夏鼐先生根据新的考古成果将这类文化遗存命名为“二里头文化”。它包含的文化遗存上自距今五千年左右的仰韶文化和龙山文化，下至东周、东汉时期。这个遗址兴盛时期的年代为公元前21世纪至公元前16世纪的夏文化时期，考古工作者将其主要的阶段称为“二里头文化”。

二里头遗址包括三个自然村，即偃师二里头，圪挡头和四角楼，堆积着四期文化层。经考古发现，二里头文化遗址不仅规模大，设施完备，而且其内容也是非常丰富的。

通过对其不断进行发掘，在二里头发现的主要遗迹有宫城遗址、墓葬、手工作坊遗址等。宫城遗址位于二里头遗址中东部，平面略呈长方形。墙外有环城大路。宫城内发现两组排列有序的宫殿建筑群，分别以一号宫殿、二号宫殿为核心，并有明确的中轴线。一号宫殿基址面积达10000平方米，正殿居基址中北部，四周有回廊；正殿之南为庭院，过庭院为面阔八间的大门。近些年来所发现的三号宫殿建筑基址，比一号宫殿基址还要早百年左右。三号宫殿遗址是迄今发现的最早的宫殿建筑基址。二里头遗址内已清理发掘墓葬有几十座。而手工业作坊包括很多方面的作坊遗址，如铸铜、制玉、制石、制骨、制陶……二里头宫城是迄今发现中国最早的宫城，可以将其看

二里头遗址出土物品

作是后来历代宫城的祖先。二里头发现的绿松石龙形器，是由 2000 余片绿松石组成，其为中华民族的龙图腾找到了最直接、最正统的根源。另外，在这里还发现了双轮车辙，证明在那个时候中国已有了双轮车。而二里头出土的青铜器是中国最早的一批青铜器，也是世界上最早的青铜器。二里头晚期的文化层还出土了大量的玉制品，有琮、圭、璋等礼器，陶制品则更多，有陶塑的龟、猪、羊头以及陶器上刻画的一头二身龙蛇纹、龟纹和人物形象。这些考古发现反映了夏代文化艺术的发展，同时也反映了古代洛阳人民的聪明智慧。

除此之外，从二里头遗址中，考古工作者还发现了许多埋葬的奴隶，其形状各异，有仰身，有俯身，有的被捆缚，有的身首异处……他们或者是因为苦役累死的，或者是因为奴隶主对他们施以酷刑而死掉的，亦或是被活埋的。总之，这足以体现了当时奴隶主的残暴。

两周时期的洛邑

在两周时期，洛阳又被称为洛邑。西周时期的东都也称成周，位于现在河南洛阳王城公园一带。在武王灭商之后，为了巩固周朝对东方的统治，其计划在夏人故居的地方建立新的都邑，但是该计划还没有得到实现，武王就病逝了。在成王即位之后，三监叛乱，周公东征三年，才使得天下太平。所以成王开始将武王的计划付诸实施，先派召公勘定建邑位置，然后周公进行视察，把地图及占卜结果报告成王，然后成王莅临，举行祀典，在自己返回的时候需要命令周公留守。在那个时候，人们认为成周位于天下的中心，四方贡赋道里均等，又把曾反抗周朝的殷民迁到其东郊，然后对其进行控制，因此，在西周政治统治和经济发展中，成周发挥了重要作用。

周武王灭商后，在营建镐京的同时，在河南营建洛邑，所以在历史上将其称为宗周和成周。公元前 771 年，周平王迫于犬戎族的侵扰，不得不迁都到洛邑，史称王城。从此之后，周朝的最高统治者以成周为活动中心，直至灭亡。通过考古发掘，可以得知，王城南邻洛河，西跨涧河，呈不规则的方形。城墙是用夯土筑成的。其城内布局因为遭到了严重破坏，所以现在根本无法探明。北城墙保存较完好，城外有壕沟，西墙和南墙只发现一部分，但两墙交接的东南城角却非常明确，虽然没有对东墙进行挖掘，但是全城的范围基本上是可以确定的。

按《汲冢书周书·作雒解》:“周公俘殷民迁于九毕，俾康叔宇于殷，俾中旄父宇于东，乃作大邑成周于土中，城方千七百二十丈。郛方七百里，南系于雒水，北因于郏山，以为天下之大溱瓒（溱会也）。”其与现在的考古资料是相符合的。

动荡的东周为王城周边的少数民族带来了发展的机会，洛邑附近的少数民族，与周王室和诸侯国之间不只是矛盾和冲突，而且开始进行紧密的合作。其克服了民族间的障碍，开始在中原各地居住，这为实现国家统一和民族融合起到了促进作用。

戎和狄主要分布在黄河流域和西北地区，史书上有关于陆浑姜戎入居伊川的记载:“晋惠公以戎为四岳之裔，赐以南鄙之田，使居伊川（伊水）。是时，伊川为‘狐狸所居，豺狼所嗥’之地，姜戎驱而辟之。”这说明这一带经济的发展离不开戎族的贡献。在东周王城的南面还有扬拒、泉皋、伊洛之戎。除此之外，在山东的西边也有戎人，在卫都的城墙上可以看见戎人的村落，所以《左传》有这样的记载:“晋居深山，戎狄之与邻。”

根据相关文献记载，我们可以得知，戎狄多为“披发左衽”。《左传》说姜戎“饮食衣服不与华同，货币不通，语言不达”。当然正是这种习惯、礼仪和语言的差异才将戎狄和华夏族区别开来。但是，其区别并不说明民族的不同，其之间也存在很多共同之处，如戎人中有姜姓、姬姓之戎，这说明他们与周人本为同族人，只是因为历史或者是其他方面的原因导致其分离。尽管在文明程度上，戎狄与华夏族差很大一截，但是对于双方的交往是不起阻碍作用的。早在夏商时期就有交往的记载，《商颂》:“玄鸟遗下的卵，为有女戎氏女简狄所吞食，因而生契。”而这个“有女戎氏”的姑娘就是戎女，名为狄，这说明商人不仅与戎狄杂居，而且还通婚。周朝以来，双方之间的交往更加频繁。

在少数民族与华夏族进行交往的同时，他们与周王室和各诸侯国之间的摩擦也越来越多，甚至还经常发生战争。公元前771年，申侯与犬戎联络，在骊山之下杀死了周幽王。在春秋早期，戎狄势力非常强大，中原华夏诸侯小国受到了严重的威胁，即使是一些大国也经常受到戎狄的侵袭。

从春秋中期开始，华夏诸国得到了很大程度的发展，特别是通过相互联合，增强了对戎狄的防御能力，征服了很多戎狄。在今山西、河北境内的赤狄、白狄大部分为晋所灭，齐灭莱夷，秦灭掉西戎的小国，楚国吞并了数量甚多的蛮人或濮人的小国。因为各诸侯长期与华夏族居住在一起，互相影响，

很多方面的差异逐渐减少。到春秋末年，散居在河洛一带的戎狄蛮夷基本上实现了与华夏族的融合。

汉魏洛阳

汉魏洛阳城遗址在今洛阳市以东15千米洛河北岸，东汉、曹魏、西晋、北魏先后在这里建都。早在秦代或秦以前，这里就建有宫城，西汉时一直是全国的大都市之一。西汉末年，以外戚王莽为首的官僚集团实施的一系列不切实际的错误政策，引发全国动荡，政权崩溃。几经战火，首都长安受到严重破坏。东汉建武元年（公元25年），光武帝刘秀即皇帝位，决定东迁洛阳，这是洛阳第一次正式成为全国性的首都。

东汉洛阳城在建武十四年（公元38年）前后建成，明帝时又大规模修筑北宫。城内有南北向的大道四条，东西向的大道三条。这些道路相互交错呈十字形或丁字形，共分为二十四段，当时称为二十四街。每条大道又分成三股，中间是御道，两边用四尺高的墙隔开，专门供皇帝和大臣通行。大道两侧种植栗、漆、梓、桐四种行道树，城市绿化相当优美。宫城主要有南北二宫，城东北为永安宫。南宫朱雀阙，建筑宏伟，从45里外的偃师县望去，高耸入云。宫中有却非殿，刘秀即位后曾居住在这里。北宫有崇德殿，雕梁画栋，金碧辉煌，可以容纳一万人左右。永安宫是一座离宫，环境幽静，景色秀丽，春秋季节是鸟类栖息的天堂。张衡《东京赋》描写说："永安离宫，竹林青翠，泉水伏流，清静纯洁，秋天斑鸠栖息，春日黄鹂和鸣，是一处自然环境和谐的人间天堂。"城内外有不少园苑，城北有芳林园、濯龙园，西南角有直里园；城外有上林苑、南苑等。城南有明堂、辟雍、灵台三组建筑，明堂是皇帝祭祀的场所，辟雍为举行宣扬道德礼乐仪式的地方，灵台用来研究和观察天文气象，现在还留有遗址。

巍峨壮丽的洛阳宫室，凝结着无数劳动人民的血汗，当时有一个太学生出身的梁鸿路过洛阳，登上城北北邙山，发出深切的感叹，作了一首《五噫之歌》，其中两句是"宫阙崔巍兮，噫！民之劬劳兮，噫！"，"噫"就是"唉"、叹息的意思。大意是宫殿造得倒蛮高大壮观呀，可都是老百姓付出的辛苦劳动呀！本来这也不过是发点牢骚，不是什么大事，但是可能有人告了密，竟然传到皇帝的耳朵里，而皇帝心胸又不够开阔，听了很不满意，下了一道命令追查。梁鸿听到了风声，不得不改姓埋名，携老婆逃到齐鲁（今山

东）一带隐居去了。

汉代洛阳城是十分繁华的。东汉的哲学家王符描写说：城中从事实用品生产及交换的手工业者和商人，是农民的十倍；经营奢侈品生产及交换的手工业者和商人，是农民的百倍；车辆众多，道路拥塞，闲散人口，充斥城内；王公贵族等特权阶层，锦衣玉食，坐豪华车，住高档房，连佣仆、婢妾也身穿丝绸服装，脚穿獐皮或麂皮鞋，佩戴象牙、珠玉、玳瑁、金银等贵重物品，相互攀比，以显示主人家的显赫身份。

洛阳的文化空前繁荣。光武帝刚建都时，从各地运来的图书就有2000多车，东观是主要的藏书处。国家的最高学府太学（在今偃师市西佃庄太学村），学生最多时达3万余人，匈奴等少数民族也有人来求学。办私学的风气也很盛，不少学者，广收门徒，私相传授。当时城里已有卖书的铺子。东汉思想家王充，年轻时家境贫寒，经常到书店去看书，因为记忆力特好，能过目不忘，日积月累，精通百家之言，著有《论衡》一书。国家还举办学术会议，章帝建初四年（79年），召集学者在白虎观讨论儒家经典，皇帝亲自到场听取汇报，由班固写成会议总结《白虎议奏》。灵帝时，著名学者蔡邕等校定《尚书》《周易》《礼记》《诗经》《公羊传》《论语》，蔡邕亲自书写，刻石48块立在太学门前，世称《熹平石经》。刚立石时，每天去参观和临摹的人纷至沓来，车子有一千多辆，造成街道塞车，可见当时文风之盛。

东汉末年，政治腐败，上层官员勾结地方势力，造成不同利益集团争权夺利，军阀混战，农民暴动，全国混乱。初平元年（190年），西部地方军阀董卓挟持献帝到西都长安，一把火把洛阳化为灰烬。东汉一代前后在此建都共165年。后来，曹操迎献帝都许（今河南许昌市东），自己居邺城（今河北临漳西南）。几十年后，曹操的儿子曹植在建安年间写的《送应氏》诗中说："步登北邙阪，遥望洛阳山。洛阳何寂寞，宫室尽烧焚。垣墙皆顿擗，荆棘上参天。"可见当时洛阳还没有恢复元气，仍然到处是断墙残垣、灌木丛生的荒凉景象。

黄初元年（220年），曹丕代汉称帝，国号魏，第二年迁都洛阳，城市才逐渐恢复，并改雒阳为洛阳。在旧城西北角仿照邺都三台新筑了金墉城，结构坚固，成为重要的军事堡垒；在城内扩建了芳林园，园内造景阳山，种植松、竹、杂树、花草，极一时之胜。西晋代曹魏，仍建都洛阳，永嘉之乱，洛阳再一次受到破坏，永嘉五年（311年）为前赵攻取。曹魏、西晋共都洛阳90年。

魏晋时，洛阳的文化空气也很浓厚。曹丕称帝后，建安文学的中心从邺城移到了洛阳，出现了不少优秀作品。正始年间，又用大篆、小篆、隶书三种字体刻石经28块，立在太学讲堂西侧，世称《正始石经》。西晋初年，太学生有一万多人。

左思描写魏、蜀、吴都城的《三都赋》，花了十年心血才写成。一开始并没有引起人们重视，有些人甚至还风言风语，讽刺挖苦，他很不高兴，就给张华看。张华也是一个有地位的人，他认为这篇文章可以和东汉张衡《二京赋》相媲美，但因为左思在社会上还没名气，所以文章没有被重视，应该请个有影响的知名学者出来捧捧场。左思就求见当时学术名流皇甫谧，皇甫谧看了以后，认为文章写得不错，欣然为他作序。于是形势急转直上，原来讥讽这篇文章的人，看了学术界头面人物写的序，都随着改口称赞。左思人气随之飙升，《三都赋》的身价一下子就提高了，大家争先恐后相互传抄，造成洛阳纸价大幅度上涨，“洛阳纸贵”这句成语便一直流传到现在。又如，贵戚贾谧爱好文学，许多文人或出于攀附权贵心理，或由于共同爱好，都乐意与他交游，号称二十四友。南朝著名的文学理论著作《文心雕龙》，评价晋代文学说：“晋世文苑，足俪邺都。”足见当时洛阳文化繁荣为后世所称道。

东汉末，国势衰退，一些边区少数民族纷纷内迁，一直活动在西北的羌胡更为活跃，在频繁的相互交往中，他们的生活方式、音乐和舞蹈也传入了洛阳。灵帝爱好胡饭、胡帐、胡床、胡坐、胡箜篌、胡笛、胡舞，上有所好，王公贵戚等上层人士也纷纷仿效。西晋时，除了西北的羌胡外，东北少数民族的饮食也流行起来，著名的有貊盘、羌煮、貊炙等。这些是宴会上必备的热门菜，其中貊盘、貊炙大概相当于今天盛行的烧烤。

北魏是鲜卑族拓跋氏建立的政权。拓拔鲜卑原来活动在东北的大兴安岭附近，以畜牧打猎为生，后来逐步南迁。在迁移过程中，又先后融合了匈奴、丁零、柔然、乌丸等民族，十六国时期，建都盛乐（今内蒙古和林格尔北土城子），国号魏，加入中原地区的政治角逐，后迁都平城（今山西大同市），逐渐统一淮河、秦岭以北的大半个中国。经过近百年到孝文帝时，鲜卑各阶层在不同程度上接受了汉文化影响。为了巩固对中原地区的统治，进一步与汉民族融合，孝文帝下令变鲜卑习俗为汉风。南下建都是当时客观形势的需要，孝文帝勇敢地顺应了这一历史潮流，冲破了鲜卑贵族习惯势力的阻挠。太和十七年（493 年）营建洛阳，十九年（495 年）以南征为名，正式南迁，迈出了符合历史潮流的一步。

北魏洛阳是在汉晋旧城的基础上改建的，内城约南北九里，东西六里。东面三门，自北向南为建春门，汉名上东门；东阳门，汉名中东门；青阳门，汉名望京门，又名旄门、宣平门，魏晋称清明门。南面四门，自东向西为开阳门；平昌门，汉名平门，一称平城门；宣阳门，汉名小苑门，一称謻门；津阳门，汉称津门。西面四门，自南向北为西明门，汉名广阳门；西阳门，汉名雍门，一称雍城门，魏晋称西明门；阊阖门，汉名上西门；承明门，当金墉城东西大道，为北魏新开，俗称新门。北面两门，自西向东为大夏门，汉名夏门；广莫门，汉名谷门。城内北半部是宫城和园苑，南半部是官署、宗庙、社稷、寺院和贵族住宅。自宫城南到宣阳门的南北大街叫铜驼街，是城市的中轴线，两侧分布着重要官署。城四周有护城河环绕，城北为谷水，东、南、西三面为阳渠。现残存 2 ~ 7 米高的城墙，西墙长 4290 米，北墙长 3700 米，东墙长 3895 米，南墙被洛河冲毁，总面积约 9.5 平方千米。

洛阳外郭城是北魏时新建的，东西 20 里，南北 15 里，外郭城以内，分成 320 里，每里周围 1200 步，总面积 100 平方公里，四周筑围墙，依照居民等级身份集中居住。里名大都以居民职业或特性命名。城内大都是官署或高官居住区。城南归正里，归正意为归附，当时南北分裂，居民大都是投奔北朝的南方人，俗称吴人坊，因为南人喜欢吃水产品，有鱼市场，叫鱼鳖市。少数民族和外国侨民、使节也聚居在城南，北方民族居住在归德里，他们不习惯中原夏季的炎热，常常秋天来，春天去，称为雁臣；慕义里居住的是葱岭以西的外国侨民，专门做进出口生意，这里住宅密集，排列整齐，青槐、垂柳成荫，风光优美。城西通商、达货二里，居民多是能工巧匠和商人，家庭富有，服饰车马，可比达官显宦，是高档住宅区；调音、乐律二里，居民以音乐、歌舞谋生；延酤、治觞二里，居民以酿酒为业，其中河东（今山西西南一带）人刘白堕的名气最大，他酿的酒口味香醇，首都权贵出京办事，常携作馈赠礼品，被称为鹤觞、骑驴酒，寓意这种酒无论远在何处，都有它的踪迹；慈孝、奉终二里，居民从事丧葬业；阜财、金肆二里，居民为富商大贾，吃的是山珍海味，穿的是金银锦绣，住宅都是高楼重门，富丽堂皇；寿丘里是皇亲贵族居住的地方，俗称王子坊。城东北的上商里，一名闻义里，居民地位最低，不少是殷朝遗民的后代，称为顽民，以烧造陶瓦器为生。有身份的人不愿住在这里，俚称“今日百姓造瓮子，人皆弃去住者耻”，是城市的贫民区。但著名旅行家宋云的住宅也在这里，他在神龟元年（518 年）奉命和惠生等人赴西域取经，曾到过乾陀罗（今巴基斯坦白沙瓦一带）等地。

全城有三市，城东为小市，城西为大市，城南为四通市，一名永桥市，以买卖鱼货著名。北方地区鱼比较珍贵，人称“洛鲤伊鲂，贵于牛羊”。洛、伊是洛阳附近的河流名称。

北魏佛教流行。西晋末，洛阳只有寺院42所，孝文帝建都后，增加到1367所，平均每坊里有四所以上。许多寺院规模宏伟，建筑壮观。如熙平元年（516年）建成的永宁寺塔，是土木混合结构，四方形，每面九间，三门六窗；门皆朱漆，上各有五排金钉，每层十二门，共5400枚；高九层，约49丈（一说100丈），合130米左右，相当于现代的20层高楼，远在百里以外就能遥遥望见；四周悬金铃130个，夜深人静，微风吹拂，金铃发出悦耳的声音，十里以外都可以听到；永熙三年（534年），这一宏伟建筑，毁于火灾，大火延烧三月不灭。

寺院不仅是宗教活动的场所，也是文化生活的中心。寺院一般都有假山、水池、林木、花草之胜，好像一座优美的园林，是游览休憩的场所。如西阳门外的宝光寺，京师士人常常选择吉日良辰，邀集亲朋好友，到寺中参观游玩、饮酒赋诗。有些寺院，还经常进行音乐、舞蹈、杂技表演，供大家观赏。每年四月初八行像日时（旧时俗语出会），更是热闹非凡。初七日，各寺院佛像到城南景明寺集合；初八日，佛像一千多尊，从宣阳门游行到皇宫前，接受皇帝散花礼佛。巡行或停留时，佛像上张宝盖，各式各样的幡幢旗帜，飞舞飘扬，香烟缭绕，梵乐齐奏，还有马戏、吞刀吐火等杂技表演，沿途观众人山人海，甚至发生过人群拥挤踩踏的伤亡事故。

宝光寺

孝文帝南迁后，顺应时代潮流，采取禁止穿胡服、讲鲜卑语，改鲜卑复姓为汉姓、籍贯为洛阳人等一系列改革措施，加速了鲜卑族的汉化过程。南朝人向来自诩中原正统，一部分南人本是战乱时期南迁的中原士族，认为北魏虽然强盛，但仍是胡人；北朝人却认为南人僻居一隅，土地潮湿，闽楚方言，难以改变，目光浅薄。中原人以四海为家，移风易俗，循五帝之迹，有大家风范。

可见当时南北方在观念上有相当大的隔阂。南朝梁将陈庆之在孝文帝迁都三十多年后，来到洛阳，并住了一段时间，回去后任司州（今河南信阳市）刺史，他对人说：自晋宋以来，号洛阳为荒土，此中谓长江以北皆是夷狄；昨至洛阳，大开眼界，始知衣冠士族并在中原；讲究礼义，人物殷阜；并引进松领宽袖的北方服式，后传到都城秣陵（今江苏南京市），在江南一带十分流行，这说明当时政治上虽然南北长期分裂，两地的经济、文化、观念，甚至生活习惯上都有较大差距，但是交流、融合、统一是不可阻挡的历史潮流，是几千年以来形成的固有传统。北魏一代是从大分裂到大统一的过渡时期，当时洛阳人民的生活和南北来往所产生的影响，生动地反映了这一历史过程。

北魏总计在洛阳建都 39 年。北魏永熙三年（534 年）后，北方分裂为东、西魏，西魏建都长安，东魏建都邺城。东魏为了迁都，强迫洛阳居民徙移，拆除洛阳宫殿，将大量建筑材料迁往邺城。后来东、西魏又在这里展开争夺战，洛阳再一次受到严重破坏。武定五年（547 年）杨衒之到洛阳时，见到城郭崩毁，宫室倾覆，寺观化为灰烬，庙塔成为丘墟，城内野兽出没，儿童在街道上放牧，农民在皇宫里种田。昔日洛阳的盛况恐后世不知，所以写了《洛阳伽蓝记》一书，留传至今。唐朝诗人杜牧从洛阳故城的危墙颓壁引发了怀古之情，写下《故洛阳城有感》：“千烧万战坤灵死，惨惨终年鸟雀悲。”大意为：经过千百次战火的洗礼，连神灵都难逃浩劫，只能听到鸟雀长年的悲鸣。

隋唐陪都的岁月

长安为隋唐两代的都城，洛阳为其陪都。洛阳虽为陪都，隋炀帝和唐高宗、武则天却都曾久居不归。唐时陪都不止一处，洛阳显得独特，与其他陪都不同。

1. 伊洛下游和洛阳周围的形势

虽然洛阳并没有被山河所环绕，但是其地理位置仍然十分险要。关于这一点，有很多种不同的说法。有人说，它南有伊阙，北有羊肠，西有泰华，东有河济。伊阙就是龙门，羊肠在太行山上，泰华在殽山之西，济水是一条古河道，而且从黄河中分出，并向东流去。有的人则认为它南有三涂山，北

有太行山，而且处在伊洛和黄河之间。三涂山在现在的河南嵩县，同时又在伊阙之南。还有一种说法是它东有成皋，西有殽邑，背靠黄河，面向伊洛。无论是何种说法，都证明了洛阳在地理位置上还是有自己优势的。所以这些说法都成为历朝历代在洛阳建都的根据。

作为都城，洛阳与长安一样，其周围都有一些关隘。到东汉末年，这里建立了八关。分别为函谷关、广城关、伊阙关、大谷关、轘关、旋门关、小平洋关和孟津关。广城关位于现在的河南临汝县，旋门关就在成皋，其二者与洛阳的距离最远。函谷关是汉武帝所建置的函谷新关，其为拱卫长安的关隘。后来，新关移到新安县东，也就是现在新安县城外，距离洛阳比较近。在东汉时期则成为拱卫洛阳的八关之一。

在隋唐时期，洛阳只是陪都，所以在建置关隘方面是不能与都城长安相提并论的。在唐玄宗开元年间，皇朝直接管理的全国 26 座关隘中，长安周围就有 12 座，而洛阳城周围没有一座。据文献记载，非皇朝直接管理的关隘仅有长水县的高门关。长水县在今河南洛宁县西南，高门关在长水县的西南，与现在的卢氏县已经接近。它是位于洛河中游的关隘。一直以来，凡是有关洛阳的军事行动，其好像都与洛河中游没有什么关系，而在隋唐时期也是如此。这说明了，高门关对于拱卫洛阳，也无法起到多大的作用。

2. 隋及唐初山东的局面及陪都洛阳的建置

从东西魏分立之后，宇文泰以关陇一隅之地与据有山东富庶地区的高齐相抗衡。但是这种抗衡并不是特别顺利，有时候甚至带来了更多的压力。宇文泰曾经夺取过洛阳，但是洛阳以东地区是不好涉及的。但是高欢却不断西向进军，对于宇文泰来说，沙苑之役非常关键，幸好取得了胜利，否则可能就被颠覆了。在战争胜利之后，通过植树来庆功，这也是难得的。后来北周还是灭了北齐，这并不是一蹴而就的，而是经历了艰难险阻。在北齐灭亡之后，杨坚欲取代北周，在建立隋朝的时候，各地都有反抗，其中最多的就是山东，有荥州（隋时改为郑州）刺史宇文胄、青州总管尉迟勤、郧州总管司马消难，其中兵力最为强大的是相州总管尉迟迥。相州治所就是东魏北齐的邺都。平尉迟迥后，移相州于安阳，邺城及其周围地区都渐渐荒废。山东各地还应加上江南的陈国，陈国与东魏、北齐相同，都是周、隋的对手。在郧州发兵的司马消难，在战败之后，合并郧州并投奔陈国，这使得杨坚有了更多的顾虑。到隋朝末年，各地都纷纷起兵，先后割据称雄，当然最多的也是山东地区。从东魏、北齐以来，这东西两方之间，仿佛有一条线证明了二者之间存在着巨大的差距。

正是因为有这样的差距，以关陇集团为基础的建于关中的皇朝，就必然对山东人士存有戒心。隋炀帝初年，上距北齐的灭亡已有 20 余年，隋炀帝的臣子们仍然谨记这一点教训。其通事谒者上疏说，“今朝廷之内多山东人”，并且指出这些山东人“自作门户，更相剡荐，附下罔上，共为朋党”，还指出“朋党人姓名和奸状”，此后隋炀帝下诏推究，凡是与此相关的山东人都被免官和流放。虽然这只是一个例子，但是足以说明在当时，山东人是被另眼相看的。朝廷可以流放山东官员，但是偌大的山东该如何防备呢？这是一个令人伤脑筋的问题。就在炀帝刚刚登基之后，并州总管汉王谅就举兵反抗，这根本无法使刚刚登基的隋炀帝放心。

在隋朝时，隋炀帝决定营建洛阳为东都。当时所颁的诏书，就由汉王谅的反抗说起。诏书说，“今者汉王谅悖逆，毒被山东，遂使州县或沦非所。此由关河悬远，兵不急赴，加以并州移户复在河南。周迁殷人，意在于此。况复南服遐远，东夏殷大，因时顺动，今也其时”。这足以说明了想要营建东都。就在开始营建的时候，还掘凿了一道长堑，“自龙门东接长平、汲郡，抵临清关，渡河，至浚仪、襄城，达于上洛，以置关防”。从现在的地理位置上来说，就是由山西河津县西北濒黄河的龙门山开始掘堑，东行经晋城市北，东越太行山，达到河南卫辉市，向南渡过黄河，经过开封市和临汝县，到达陕西商县，最终形成一个椭圆形。而洛阳就是这个椭圆形的中心。椭圆形西口之所以没有封闭，是因为西为都城长安。都城和陪都之间不需要建什么防御设施。由隋文帝始建皇朝时起，到炀帝之时的 20 多年

隋炀帝

中，都城长安也受到过威胁，其威胁主要来自突厥，但并没有对长安产生什么影响。炀帝营建东都的起因是汉王谅的造反，事实上，汉王谅的乱事很快就被隋炀帝摆平了，不足以成为营建东都的理由。炀帝所颁的诏书说：“我有隋之始，便欲创兹怀洛，日复一日，越暨于今。”这些迹象足以说明了关陇集团的余波仍在荡漾。

当然，在隋朝灭亡之后，这样的余波仍然存在。在唐朝初年，余波仍然显现出来。就在唐朝肇建之时，唐太祖诸子建成、元吉和秦王世民倾轧，而且还以山东人为口实。《旧唐书·隐太子建成传》：“（建成、元吉）密令数人上封事曰：‘秦王左右多是山东人。’”在《新唐书·隐太子建成传》中则改成“秦王左右皆山东人”，其显得态势更为严重。此时距离隋文帝统一南北已经有很长时间了，但是也说明了其嫌隙是非常深的。虽然这些话说明了皇族之间和朝廷内部之间的琐事，但是也证明了民间也是存有歧视的。唐长安外郭城皇城东第三街最南的一坊为敦化坊，再往南就是曲江池。这座坊的西门之北是秘书监颜师古宅、太常少卿欧阳询宅、着作郎沈越宾宅。在贞观、永徽年间，颜师古、欧阳询、沈越宾曾经居住在这里。颜师古是南朝旧族，欧阳询与沈越宾是江左士人，在那个时候人们称其为吴儿坊。南朝旧族还被称为吴儿，这说明了他们之间并不是十分和谐。吴儿应该是在山东人数内，所以山东人仍然不被关陇集团所待见。

虽然还有一些隔阂，但是这似乎与东都洛阳的恢复和重建没有多少关系了。唐朝初年，在统一南北之后，就废除了隋朝的东都，在太宗贞观年间改称为洛阳宫。直到高宗显庆年间，始复称东都。如果武德、贞观之间，仍然对山东人进行防范的话，东都是不可能被荒废的。高宗在恢复东京称号时，曾告其臣下说：“两京朕东西二宅，来去不恒，卿宜善思修建。”这与隋炀帝营建东都是不能相提并论的。

自从隋炀帝营建东都之后，就再也没有返回过长安。可以这样说，洛阳只是名义上的陪都，其事实上地位为都城。唐高宗恢复东都之后，经常往来于两都之间。虽然经常在洛阳，但是也没有忽视长安。到武则天的时候，她以东都为神都，而且长久地居住在这里，只是在 701 年 10 月返回过长安，703 年 10 月又东归洛阳，可见其在长安只居住了两年。既然要久居洛阳，那么重要的朝廷机构当然要设在洛阳，甚至选举贡士也是在洛阳举行。这种情况一直持续到武后殁后才告一段落。

知识链接

洛阳纸贵

古人云“洛阳自古出才子”。西晋之时著名的文学大家左思，就是古代文坛上灿若群星的洛阳才子之一。左思自小出身贫寒，且相貌丑陋，但他却视荣辱如浮云，看名利为粪土，把所有精力都用在学习和文学创作上，写出了许多流传至今的名诗佳作。其中最为著名的当属《三都赋》，其作问世后，受到西晋朝野各界热烈赞颂，一时风行于洛阳，豪贵之家争相传抄，洛阳市场上的纸价也因此昂贵起来。以后，“洛阳纸贵”便成了著名典故，常用来称誉某些作品迅速而广泛地传播流行。

第六章

夷门自古帝王州——开封

开封古称东京,也被称为汴梁、汴京。简称汴,位于河南省东部,在中国版图上处于豫东大平原的中心位置。开封是中国七大古都之一,是中国优秀旅游城市、全国双拥模范城、全国创建文明城市工作先进城市,也是河南省中原城市群和沿黄“三点一线”黄金旅游线路三大中心城市之一。

第一节 厚重的古城文化

开封古称汴梁，它位于河南省东部。从中国版图上来看，其位于豫东大平原的中心位置。开封是国务院首批公布的 24 座历史文化名城和中国八大古都之一，是中原地区黄河沿线重要的旅游城市，在 2001 年被国家旅游局命名为中国优秀旅游城市。开封不仅有着悠久的历史，而且其文化积淀也是非常深厚的。其内的名胜古迹将古城的风貌进行了再现。独具特色的民俗文化体现了古都的魅力。开封拥有众多旅游景点创造和打破了中国世界纪录协会多项世界纪录、中国纪录，获得多项世界之最、中国之最。

古都盛景

据说夏代第七世帝杼迁都于老丘（今开封附近），直至第十三世胤甲才迁至西河，在开封时间超过 6 个世纪，所以开封也是当时的政治和经济中心。开封建城史非常悠久，春秋时期，郑庄公（公元前 743—前 701 年）为了向中原拓展，在现在的城南朱仙镇附近古城村开始修筑城邑，取名启封（汉初因避景帝刘启讳、改为开封）。这就是开封的前身，现在我们所看到的开封在春秋时期为仪邑，战国时为大梁。在战国时期，魏国为争霸中原，惠王在公元前 364 年由安邑迁都大梁，这是第一次建都，同时也是在历史上可以考证的。

魏在大梁共经历了 6 君 140 年，在公元前 225 年被秦所灭。秦朝建立之后把大梁改置浚仪县。以后浚仪、开封各为县治，各自独立。直至公元 534 年设梁州，以浚仪为州治，管辖开封县。在北周时期，梁州改名汴州。

隋炀帝开通济渠，使其与黄河和淮河相通，促进水路交通运输的发展，自此，汴州地位越来越重要。在 712 年，开封县并入汴州城内，与浚仪县同列，

是附郭首县。而原先古城村的开封城则渐渐颓废。在784年，宣武军节度使治所由宋州移来汴州，成为唐王朝最强大的藩镇。在唐朝末年，宣武军节度使朱温，首先是胁迫唐昭宗迁都洛阳，最终废弃唐帝而自立，在开封建立后梁政权。在朱温称帝之后，升汴州为开封府，称东都，洛阳为陪都，称西都，长安则降为雍州。从此之后，开封府的管辖范围不断扩大，在后梁时已经管辖15县。

到后晋、后汉、后周以及北宋时候，其相继在开封建都，开封府的范围也在不断扩大，统辖18县24镇。开封、浚仪称赤县，其余各县称畿县。在1009年，浚仪县改称祥符县。北宋时期，开封最为繁盛。公元1127年，开封为金人所破，在战乱之中被焚毁。金人先后在开封扶植张邦昌、刘豫两个傀儡政权，最终因为遭到人民的唾弃而灭亡。

金人把开封降为汴京路。在1153年，海陵王以开封为南京，作为南进的基地。至1214年，宣宗完颜珣受蒙古逼迫，迁都于此，仍称南京。蒙古灭金建元，在全国设立11个行中书省，简称行省。而中原地区所设的就是河南江北行中书省，这就是河南被称为省的开始。省会及路治都设在汴梁路的开封。在元朝末年的1358年，刘福通率农民起义军攻占开封建为国都，但这种情况只维持了一年多的时间，在元军围攻中又退回旧都安丰。在1368年3月，朱元璋攻下开封，改汴梁路为开封府，改开封为北京作为陪都，在不久之后又撤销开封县并入祥符县，这标志着一城由二县分治的局面的结束。在1378年，又撤销了开封北京称号，而且封五子朱橚为周王，让其镇守河南。从此之后，直到清代，开封一直是河南的省会。

1913年废府改道。祥符县改为开封县，属河南省豫东道，但开封仍是省会，而且是豫东道治所。1914年改豫东道为开封道。1927年废道，1929年成立开封市，市和县同城但并不相属，开封仍为河南省会。在1938年6月，日军占领开封，省会西迁。1939年3月，日伪河南省会由安阳迁来开封。1945年日寇投降，开封再次成为河南省会。1948年10月，中国人民解放军接管开封，11月成立开封特别市，仍为省会。开封县政府仍设在市内，1949年5月，开封县政府迁往朱仙镇。1954年10月，省会由开封迁往郑州，开封变为省辖市。1955年郑州专员公署由荥阳迁至开封，改名开封专员公署，辖开封县等10个县。1983年经国务院批准，实行“市带县”体制，撤销开封专员公署，原辖5县由开封市直接领导。

开封作为中国的古都，有着丰富的文物遗产，其城市格局形成比较早，古城风貌浓郁，而且还有独特的北方水城，这足以体现了开封作为古城不仅有悠

禹王台

久的历史传统，而且其文化内涵也是非常丰富的。1982 年被国务院列为国家历史文化名城。纵观中国古代建都史，开封正是凭借自己的地理优势成为中国最早开发的地区。其不仅有着规模宏大的城垣，而且拥有灿烂的历史文化，古人曾有“琪树明霞五凤楼，夷门自古帝王州”的诗句。尤其是在北宋时期，作为都城东京，开封是中国政治、经济、军事、科技与文化中心，同时也是当时世界上最为繁华的大都市。在开封的规划和建设上，其思想较为独特，宏大的城垣分外城、内城、皇城，三重城郭，三条护城河。城内交通便利，在布局上打破了封闭性的里坊制，取而代之的是商住开放的街道形式，实行坊市合一，市民阶层人数不断增加。

随着非农业人口的不断增加，城市的手工业和商业也获得了飞速发展，城内经济贸易繁荣，成为“八荒争凑，万国咸通”的大都市。这一建筑布局极大地影响了宋代以后封建王朝都城的建设。东京的园林也非常有特色。根据史料记载，我们可以得知，东京城有 100 多座宫苑御园和寺观。“大抵都城左近，皆是园圃，百里之内，并无闲地”。除此之外，还有其他一些具有较高历史文化价值的遗迹，如铁塔、相国寺、延庆观、禹王台、繁塔……作为河南三大石刻集中地之一，开封馆藏和各名胜古迹中保存着上自汉代、下止民国的各类石刻珍品 1000 多件，为研究中国历史、科学技术和书法艺术提供了可靠的考证材料。

人类最早的发源地

开封有着较为悠久的历史。开封之名起源于春秋时期，因郑国庄公选此地修筑储粮仓城，所以取“启拓封疆”之意，将其定名为“启封”。在公元前 156 年，为了避汉景帝刘启之讳，将启封更名为开封。自公元前 364 年—公元 1233 年，先后有七个王朝在这里建都。特别是在北宋时期，开封（当时成为东京）是宋朝国都已经长达 168 年，其历经九代帝王。东京城由外城、内城、皇城三座城池组成，人口众多，经济繁荣。北宋画家张择端绘制的巨幅画卷《清明上河图》，则将东京开封的繁荣景象充分描绘了出来。北宋是继唐代以后科技、文化、艺术发展的又一鼎盛时期，其所创造的宋文化对后世产生了较为深远的影响。另外，在开封地区还出现了很多名人，如清正廉明

的包公，满门忠烈的杨家将，图强变法的王安石，民族英雄岳飞……作为民族文化的一部分，他们的事迹被海内外所传颂。

远在新石器时代早期，开封一带就有人类活动。所以是人类最早的发源地。

另外，开封还是中国最早有犹太人定居的城市。在北宋时期，一批犹太移民经天竺（今印度）迁徙到宋都东京，宋皇帝御旨：“归我仲夏，遵守祖风，留遗汴梁。”在古代的开封这座城市中，犹太人同汉族和回民都保持了良好的关系，而且按照本民族的生活习俗在这里绵延子嗣。这也是开封历史上的重要部分。

知识链接

“城摞城”传说

历经20多年考古发掘，我国考古学家宣布，在古都开封地下3米至12米处，上下叠压着6座城池，其中包括3座国都、2座省城及1座中原重镇，构成了“城摞城”的奇特景观。

一直在古都从事考古发掘工作的开封市文物管理处处长、研究员丘刚说，除最底层的魏大梁城因埋藏太深和勘探技术手段所限未能发现外，其余5座城池均已相继发现和初步探明。至此，“开封城，城摞城，地下埋有几座城”，这个一直流传在开封民间的神秘传说，终于被考古所证实。

考古资料表明，发现的5座城池基本处在同一区域，摞在最上面的是清代开封城，最下面的则是唐代中原重镇汴州城，其中城市规模最为庞大的，是一千年前“人口上百万，富丽甲天下”的国际大都会北宋国都东京城。

据专家介绍，公元前364年，战国时期的魏惠王迁都开封兴建了著名的大梁城，此后2200多年间，历代统治者在这块土地上又建起了唐汴州城、北宋东京三城、金汴京城、明开封城和清开封城。相传，战乱与河水泥沙一次次将这些辉煌一时的名城掩埋，人们又一次次地在原址上重建家园，掩埋在泥沙深处的座座古城，就“叠罗汉”般叠加起来。

第二节 七朝古都的历史

河南开封这座古城的历史文化时常让人品味不尽。汉代文学家司马迁，唐代著名诗人李白、杜甫、白居易，宋代的文豪苏轼等，甚至如今都有不少诗人如陈运和等均写过赞美开封的诗赋。其中白居易在《隋堤柳》诗中写道："大业年中炀天子，种柳成行夹流水。西自黄河东至淮，绿影一千三百里。大业末年春暮月，柳色如烟絮如雪。"从中能够想象那时的开封是何等的壮观美丽。

开封的悠悠岁月

据考证，最初在开封生活的人主要以农牧为主，过着原始公社制的生活。到了夏商时候，居住在开封的人开始进入奴隶社会。春秋时代，这里是郑国的地方，郑国公在此筑城，为了取开拓疆土的意思，所以以开封命名。公元960年赵匡胤发动兵变，建立了宋王朝，定都开封，称为东京。从此之后，赵匡胤、赵光义兄弟花费了20年的时间结束了五代十国的封建割据局面，使开封成为全国的政治、经济、交通和文化的中心。在那个时候，开封的水运是非常发达的，贯穿整个开封城的水道有4条，即汴河、惠民河、五丈河和金水河。在宋神宗时，因为宋朝开始导洛入汴水利工程，从汴口往西开渠，引伊洛河水入汴河，使汴河与伊洛河相互沟通，东西横贯全河南省境内，所以开封成为当时最为重要的交通要塞。从开封向北，可通辽国的南京（今北京）；从开封往西，经郑州、西京、陕西的京兆府（今陕西西安）；向西南，经许昌、邓州、襄阳、江陵，直达湖南和两广；往东可达山东沿海各地。那个时候的开封较为开放，其宗教文化种类多、规模大，而且还有很高的知名

度。其有着很多文化建筑，如大相国寺、开宝寺铁塔、天清寺繁塔、延庆观、禹王台、兴国寺塔、大云寺塔、东大寺、古观音寺、天主教河南总修院以及建于民国初年的全省首家女子寺院宝珠寺……特别是相国寺是开封历史上最为著名的寺院。其中，中国的很多小说中都写过相国寺的故事，如《水浒传》《西游记》……

关于北宋开封的繁华盛景，除了一些文字记载材料之外，最为著名的就是《清明上河图》。它如同一部纪录片，将北宋时期东京的生活情景和社会风貌进行了再现，成为后人研究北宋社会和人文的重要历史材料。在开封的历史链条中，出现过很多名人，如蔡邕、蔡文姬、蔡漠、阮籍、崔颢、钟嗣成、王延相、包拯、杨家将、岳飞、王安石、张伯行、林则徐……近代又哺育了范文澜、冯友兰、尹达、邓拓、姚雪垠、穆青等，这些人受到了大家的敬仰。

古都开封经历了各种患乱之后，其灿烂色彩变得暗淡下来。1642 年，李自成攻打开封，明军扒开黄河，导致开封城遭破坏。1840 年鸦片战争以后，中国进入了半殖民地半封建社会时期，因为河南地处上海、天津、汉口三个帝国主义侵略据点势力范围的交叉地带，所以成为这三大据点的原料供给基地和外国商品倾销的市场。当时，开封是河南省的省会，所以首当其冲受到恶劣影响。抗日战争时期，开封被日军占领，在其沦陷的 7 年中遭到了严重破坏。现在开封城下共埋藏着 6 座古城，其“城摞城”奇观的考古价值非常重大。渐渐地，开封被人们所忘却，但是时代的发展又让它重现在大众的视野中。开封水资源丰富，被称为“北方水城”。另外，还有很多富有文化气息的湖泊为众人所喜爱。当你走进开封，你会被它的古色香气所吸引。朱仙镇的年画，在明清时最盛，与苏州桃花坞、天津杨柳青、山东潍坊杨家埠齐名。其年画不仅有丰富的内容，而且有着独特的风格，是中国木版套印艺术的珍品。

蔡邕

开封的汴绣更是为众人所喜爱，其色彩丰富，层次分明，立体感强，所以每当人们到这里来旅游的时候都会购买。开封种植菊花源远流长，它可以追溯南北朝时期，在唐宋时期，开封的菊花已经名扬海内外。清乾隆皇帝来开封赏菊时亲赋诗词，留下“风叶梧青落，霜花菊百堆”的美句。在开封禹王台，至今还留有乾隆的咏菊诗碑。每到秋季来临的时候，古城开封中都会菊花飘香，蔚为壮观。如果有机会的话，就去欣赏一下吧，相信在花海中，你会如痴如醉、流连忘返。

在开封，能看到其他一些民间艺术，如舞狮、盘鼓、高跷、旱船、唢呐等，另外，还有不少风景区，如包公祠、宋都御街、清明上河园、翰园碑林、天波杨府、开封府、大梁门，龙亭湖、包公湖、繁塔、禹王台……当你徜徉在灯火辉煌的夜市中，你会为这座古城所带给你的一切美好而感动。

宋都御街位于开封市中山路北段。其是为了再现宋代御街风貌，在 1988 年建成的一条仿宋商业街。根据史料记载，北宋的东京城富丽堂皇，有着很多纵贯南北东西的要道，但是最重要的街道就是御街。御街是东京城南北中轴线上的一条通关大道，它从皇宫宣德门起，向南经过里城朱雀门，直到外城南熏门止。因为皇帝祭祖、举行南郊大礼和出宫游幸的时候都会走这条道路，所以被称为“御街”，也称御路，天街或者宋端礼街。

包公祠位于开封市包公湖畔。主展区有大殿、二殿、东西配殿、回廊、碑亭、大门、二门……在其内部陈列着包公铜像、铜铡及包公断案蜡像、包公史料典籍、《开封府提名记碑》、碑文等。虽然较为古朴，但是不失庄严和肃穆。

大相国寺位于开封市中心，是中国著名的佛教寺院，始建于 555 年。据说，大相国寺原先是战国魏公子无忌——信陵君的宅院。但是后来在战火中被毁。711 年重建。大相国寺有着悠久的历史，是中国汉传佛教十大名寺之一，其在中国佛教史上有着重要的地位。相国寺原名建国寺，在 712 年，唐睿宗为了纪念其由相王登上皇位，赐名大相国寺。在北宋时期，因为相国寺深得皇家尊崇，所以进行了多次扩建，最终成为京城最大的寺院和全国佛教活动中心。《水浒传》描写的鲁智深倒拔垂杨柳的故事就发生在大相国寺中。后来因为战乱水患而损毁。1671 年重修。目前我们能看到的殿宇古迹有天王殿、大雄宝殿、八角琉璃殿、藏经楼、千手千眼佛……1992 年 8 月恢复佛事活动，重新修建了其他一些建筑。整座寺中的布局都非常严谨，2002 年被评定为国家 4A 级旅游景点。

铁塔公园位于中国河南省开封市城区的东北隅，它是以现存的铁塔而命名的名胜古迹公园，是中国 100 家名园之一。铁塔位于铁塔公园的东半部，

是园内重要的文物，同时也是主要的景点，它于 1049 年建立，是 1961 年中国首批公布的国家重点保护文物之一，素有“天下第一塔”的美称。据相关资料，我们可以得知，铁塔高 55.88 米，八角十三层，因为这里曾经是开宝寺，所以被称为“开宝寺塔”，又因为其遍体通砌褐色琉璃砖，好像是铁铸的，所以称为“铁塔”。铁塔完全采用了中国传统的木式结构形式，因为其设计精巧，所以名扬海内外。塔砖饰以数十种图案，砖与砖之间有沟有槽，垒砌严密合缝。自从其建成以来，虽然经历了很多破坏，但是仍然巍然屹立，这实在是令建筑专家和游人叹为观止。

繁塔位于开封市区东南隅，建于 974 年。繁塔为六角九层空心楼阁式、仿木结构的砖塔，明永乐年间，将三层以上拆除，后在三层上建六层尖顶，形成了现今下粗上尖的塔姿。繁塔为研究中国建筑、美术和音乐提供了宝贵的材料。

山陕甘会馆位于开封市徐府街东北段路北，是清代山西巨贾会同陕西、甘肃旅汴同乡在 1776 年集资兴建的集会场所。整个会馆建筑布局精巧，结构严谨，砖木雕刻精美绮丽。

大相国寺

天波杨府是北宋抗辽民族英雄杨业的府邸，因为其位于北宋首都东京城内西北隅天波门的金水河旁，所以被称为“天波杨府”。因为杨业忠心爱国，宋太宗赵光义对其刚正不阿的性格非常欣赏，所以在天波门的金水河边赐金钱五百万盖“清风无佞天波滴水楼”，并亲笔御书“天波杨府”匾额。

禹王台风景区坐落于开封城墙外东南部。因为这里不仅风景优美，而且环境非常优雅，所以历来成为人们春游登高的必去之地。据说在春秋时期，晋国盲人乐师师旷常在此吹奏古乐，所以称为“吹台”。在1522年，为追念大禹治水功德，于是在吹台上建一座禹王庙，从此之后，吹台也就改名为禹王台。禹王庙立有高大的禹王像，东西两个配殿安放着师旷及李白、杜甫、高适三位诗人的塑像。在744年，李白、杜甫、高适曾经在这里聚会，而且还留下了很多脍炙人口的诗篇。

开封府因为其悠久的历史和文化积淀而名扬海内外。在北宋时期，开封是“天下首府”，其不仅有着庞大的规模，而且有宏伟的气势。

延庆观原名重阳观，它是为纪念全真教创始人王喆（王重阳）而兴建的。在金末时期，重阳观被毁。在1233年，全真教徒受丘处机遗命，开始重新修建重阳观，其殿宇非常壮丽，元帝赐名“大朝元万寿宫”。但是在元朝末年的兵火中，重阳观被毁，只剩下一座元末又毁斋堂。1373年更名延庆观。

翰园碑林位于开封龙亭湖西畔，它是开封市中国老年书画研究会理事李公涛自筹资金，在1985年始行创建的。翰园碑林是中国历史上第一座最大的民办碑林。碑林分为两大部分，即山水风景区和碑廊布展区，共有3800块碑。分设现代名人碑廊、中山碑廊、宋代碑廊、帝王名臣碑廊、友谊碑廊等十大碑廊区。

朱仙镇岳飞庙位于开封城南22千米。据说朱仙镇是战国时魏国义士朱亥的故里，在明清时期成为全国四大名镇之一。在南宋初期，抗金英雄岳飞曾经带兵在这里打败金兀术。在明成化十四年开始修建岳飞庙，岳飞庙是明代全国四大岳庙之一。

从战国魏都到五代的副都

北宋在开封立都之前，开封曾经是5个王国或者王朝的都城。在战国时期，开封曾是魏国的都城；在五代时期，开封曾是后梁、后唐、后晋3个王朝的副都，又一度是后梁、后晋、后汉、后周的国都。

岳飞庙

开封有城，大概可以追溯到西周晚期，那个时候，这里是郑国的地盘。郑国最初在西边，西周末年方东迁，东迁之初疆域很小，只有 10 个邑落，其中一个就在现今开封一带。文献记载，郑国东迁之初，有个大将名叫郑邴，他接到郑国国君的命令后，便带上一拨人马，开进开封，在这里开垦土地，兴筑城市，于是开封逐渐成为城市。由于郑邴的经营纯属开发性质，所以新建的城就命名为开封。开封，即开拓封疆的意思。

郑国在此活跃了好几个世纪，一直都拥有开封城。然而郑国的开封城是什么样子，文献记载得太少了，我们已经无法知道它的形制了。郑国本是一个很弱小的国家，自春秋中期以后，就不多见于史籍了。在以后的文献里，我们时常看到有个梁伯的贵族在此活动。据记载，梁伯是受东周之封才来到这里的。梁伯在现今开封城西南 20 多千米的地方筑建了新里城。这大概是开封历史上出现的第二座城市。

在历史上，开封虽然相继有了开封、新里二城，但是这些城都不是都城。开封成为国都，是战国时候的事。战国时，七雄之一的魏国在此建了都城。将魏国国都由山西迁往开封的国君是魏惠王。这个人曾和中国最有名的学者孟子见过面，讨论过问题。

魏惠王将国都迁到开封后，便将原有的城名改了，称其为大梁城。大梁，就是开封最初的都城名称。魏惠王为何要将开封称作大梁呢？文献解释说：最初，东周在这里封过一个梁伯，这里是梁国之地；当时在魏国境内，共有3个以梁为地名的城池，如少梁（当时名夏阳，即现今的陕西韩城）、南梁（当时名汝县，即现今的河南临汝）。为了与它们区别，魏惠王便将在开封境内新建的都城称为大梁。

魏惠王九年（公元前362年）由安邑（今山西夏县北）迁都于开封，称大梁。从魏惠王开始，历经魏襄王、魏昭王等6代国君（公元前362—前225年），魏国皆在此立都，凡137年。在这137年之间，大梁不但是魏国政治经济文化的中心，而且还是诸侯国经常聚首的地方。

魏国大梁城在今天开封城偏西北一带。它的北城墙和西城墙已经被发现，大抵就在今天开封北城墙和西城墙的外边，残留的极少一段东城墙和南城墙，也在现今开封城境内。总的讲来，战国时期的开封城，主体部分与现今的开封城上下叠压，稍稍偏往西北。

文献记载，战国时期的魏都大梁城共有12座城门，目前只找到了两座。一座名叫夷门，也即东门，位于现今北门和铁塔公园左近；另一座名叫高门，也即西门，约在今城西东陈庄一带。从夷门到高门，相距10余里。这座古城的规模还是很不小的。

魏国定都开封（大梁）时，挖掘了战国时期最宏大的水利工程——鸿沟。鸿沟的中心是开封。鸿沟工程前后分为两期：前期工程主要是将北面黄河的水，或者荥泽的水，引入中牟县西的圃田（方大湖），而后再从圃田挖一条大沟，将水引入大梁（今河南开封）；第二期的工程是从大梁开大沟，引圃田水东行，然后西南折，与淮河相接。鸿沟的开挖，不仅对魏国的政治、经济、军事的发展起了重要作用，而且使大梁城成为水运网的中心，加强了大梁与各地经济文化的联系。

大梁的手工业经济和商业经济很发达，这可从开封出土的大量魏国钱币看出一些征候。大梁制作的铜币，有“布”、圆钱等，制作都很精美，足额，这是经济发展和手工业发达的表现。

开封为魏都，很快就因魏国灭亡而不复继续。公元前225年，秦王政派遣大将王贲去攻打魏国的大梁。王贲扒开了浚仪渠，用水攻灌大梁。大水彻底地冲毁了大梁的城垣，魏国无法守城，秦兵攻入大梁，魏国亡。

魏国亡后，开封不再成为都城，在秦、西汉、东汉、曹魏、西晋、东晋诸朝时，开封一直是小县城。文献记载，西汉时，汉文帝一度将自己的儿子刘武封到开封，让他当梁王。然梁王在此不久，就将王都迁到商丘去了。

开封“高升”一步，升格为州，是在东魏时期。这时，开封渐渐代替了洛阳，成为中原交通的要道。为了适应这种情况，东魏在这里设置了梁州。自那以后，北周、隋、唐三朝都在此地设州，号汴州，因开封临汴水之故。唐代中期以后，开封一度成为宣武军的治所。

开封重新成为国都，是在五代十国时期。这时，洛阳已经衰弱了，不能再承担中原经济、文化、交通、运输中心的角色。与此同时，开封经过努力，已经渐渐代替洛阳，成为中原经济、文化、交通、运输的中心。从政治角度考虑，唐末，这里成为降将朱温的政治军事基地，随着朱温在唐王朝中的地位越来越高，它也就成为当时的政治中心了。

907 年，唐末的权臣朱温，以禅位方式，谋夺了唐朝的江山，建后梁。后梁的最初首都在开封。稍后，朱温想控制洛阳，便把国都移往洛阳，而在开封设置了副都。因为开封位于洛阳东面，所以当时被称作东都。

朱温所建的后梁政权存在的时间不长，很快便被后唐所灭。后唐控有中原后，将国家的首都设在洛阳，而以开封为副都。后唐也是一个短命的王朝，不久即为后晋所灭。后晋最初是以洛阳为首都。然而，后晋帝石敬瑭在洛阳住了一年多，总觉得洛阳的政治、经济、交通的地位不如开封，于是将首都定在开封，而让洛阳成为副都。此后，开封就成为后晋、后汉、后周的国都。

后梁、后晋、后汉、后周时的开封，都城平面布局是个什么样，目前知道的情况并不多。近年来，通过文物普查，通过几十个遗址的考古发掘工作，大体知道：五代时期，开封城共有 7 座城门，它们是东面的宋门、曹门，西面的郑门、梁门，北面的酸枣门、封丘门，南面的尉氏门。

五代时期，对开封的扩建，工作做得最多的是后周国君周世宗柴荣。柴荣当政后，对开封城进行了改建。他主要做了三件事：其一，扩拓了城内的道路，使主要街道宽度超过 30 步；其二，扩拓外城，使开封的外城周长达到了 48 里以上；其三，重新开挖运河，而且将大运河的枢纽设在开封。隋朝时，炀帝开发运河，使得江南和黄河流域连成一片，这对中原和江南的经济沟通和互补有重要意义。五代时期，由于战乱，加上人为的割据，运河不通。周世宗当政后，在扩拓了疆域的基础上，以开封为中心，重新疏通运

河，使得黄河之水南向可到达江淮、寿春，江淮漕运可以直达开封，这对开封经济发展的意义是很大的。开封从此确定了中原政治、经济、交通中心的地位。

北宋都城——开封府

后周显德七年（960 年），赵匡胤在陈桥驿（今河南封丘）发动兵变，建立了宋王朝。宋王朝定都开封，称东京，下辖开封府。以后，赵匡胤兄弟又用 20 多年，相继兼并了各地的割据政权。统一全国后，赵氏兄弟便在宋朝的疆域内建立了 4 个都城，这就是南京应天府（今河南商丘）、西京河南府（今河南洛阳）、北京大名府（今河北大名）和东京开封府（今河南开封）。在这 4 个都城中，开封是全国政治、经济、文化的中心。

为何北宋要将全国政治、经济、文化的中心定在开封呢？究其原因，不外以下几点：其一，五代以来，中原的经济中心开始由西北向东南移动，定都开封只是反映了这种移动；其二，五代的 4 个王朝都曾定都开封，特别是周世宗对京师东京增筑了外城，整顿了街道，疏通了水陆交通，从而为北宋定都开封，以及开封成为全国大都市奠定了一定的物质基础；其三，这里是赵匡胤发动兵变的地方，是他的政治根据地，他在这里有一班人马。

北宋的开封城，是在唐、五代时期的汴州城的基础上发展而来的。内城的基础在唐德宗时已经有了，外城的基础在后周周世宗时也有了。北宋是在这个基础上进行了修建和扩建。北宋的开封城分为三重：外城、内城和宫城。

外城又称新城或罗城，是在周世宗扩拓的基础上形成的。宋徽宗时扩展了南面的城垣。外城周长约 30 千米。其中西城垣长 7500 米，东城垣长 8000 米，南、北两城垣各长 7000 米。城墙坚固雄伟，还设有马面、战棚和女头等防御设施，城垣厚度不一，一般在 15～20 米之间。外城外侧有护城壕沟，称护龙沟，宽约 40 米，深 11 米。

据记载，外城垣共有 12 座城门。南面 3 座城门，由东向西为陈州门、南薰门、戴楼门；东面 2 座城门，南为新宋门，北为新曹门；西面 3 座城门，由南而北为新郑门、万胜门、固子门；北面 4 座城门，由东向西为陈桥门、新封丘门、新酸枣门、卫州门。南薰门为外城的正门。

北宋开封城的诸城门有以下特点：除了南薰、新郑、新宋、新封丘 4 座

正门开成两重门外，其余 8 座城门都修筑有屈曲开门的瓮城，当时的人戏称其为“卧牛城”；12 座城门都是根据它所通往的方向而命名的，如新郑门通往郑州，酸枣门通往延津（当时名叫酸枣县），陈州门通往陈州（今河南淮阳），等等。

除了上面的 12 座城门外，由于诸河从城中通过，所以此城又有水门。北宋开封城的外城城垣共有 6 座水门：汴河上水门、汴河下水门、蔡河东水门、蔡河西水门、金水河水门、五丈河水门。

对于北宋的开封城，近年来考古工作者做了很多勘探工作，目前已经探明了 10 座城门，包括著名的开封城正门南薰门。在这 10 座城门中，共有 5 座有瓮城。有的瓮城面积很大，几乎达到了 1.3 万平方米，这是历代都城所没有的。

内城又称阙城、里城，是在唐代汴州城的基础上重新扩建而成的。据记载，内城共有 10 座城门：南面 3 门，由东向西为保康门、朱雀门、崇明门（新门）；东面 2 门，南为取景门（即旧宋门），北为望春门（即旧唐门）；西面 2 门，南为宜秋门（旧郑门），北为阊阖门（即梁门）；北面 3 门，由东向西为安远门（即旧封丘门）、景龙门（即旧酸枣门）、天波门（即金水门）。正门为朱雀门。据勘探，内城周长 9 千米，城墙宽 8 ~ 15 米，南墙位于现存明清城墙北约 300 米处，北墙位于今大龙亭大殿北约 500 米处。正门朱雀门直通外城南薰门的大道为御街，为南北中轴线，向北与皇城相连，与今中山路基本重合。

宫城又称大内、紫禁城。北宋的宫城是在五代时期皇宫的基础上建筑起来的。北宋的宫城位于内城的中央略偏西北，周长约 25000 米。内城外围是外城。这种平面布局为三重城布局，对日后的明清城的平面布局产生了一定的影响。

据文献记载，宫城共有 6 座城门：南面 3 座城门，由东向西为左掖门、宣德门、右掖门；其余 3 面城垣各设 1 门，东为东华门，西为西华门，北为拱宸门。宫城南面的正门为宣德门，又称宣德楼，庄严肃穆，金碧辉煌，为北宋帝王活动的主要场所。

宫城南部是外朝。最重要的建筑是大庆殿，其位于全城的中轴线上，殿前还有一片广场，气势十分宏伟。这座大殿的基础还在，其基址东西面阔约 80 米，南北进深 60 多米，台基残高 6 米，各面有门。除了大庆殿之外，宫城南区还有文德殿、紫宸殿等，基本上是左右对称的。宫城的北区为寝宫区，

福宁殿为皇帝居住的地方，另外还有各种宫殿。

东京城里的街道，纵横交错。主要街道有 4 条，分别通往城南、城西、城北和城东，街道宽大整齐，被称为御街。在这 4 条大街中，由宫城宣德门经内城朱雀门往外城南薰门的大街最为宽阔，恰好就在全城的中轴线上。除了上面的 4 条御街之外，其他街道成为这 4 条御道的分支，纵横四通到各个城门。街道都作直交，将街区割成方格状，十分整齐。

北宋初年，开封城基本上保留了里坊制度，但有变化。据文献记载，北宋时，都城里出现了“厢”这一级市政管理机构。至道元年（995 年）的史料称，开封城共分为 8 厢，厢设厢吏，下辖 120 坊，统归开封府管辖。市民都居住在里坊里。需要指出的是：宋代开封城的里坊与唐代以及以前的里坊截然不同，北宋的开封城的里坊，打破了以前城市里坊封闭的格局，所有里坊都没有设置坊墙和坊门，而是临街开门。

北宋的开封城，有四通八达的水利交通网。从开封城内穿过的有汴河、蔡河（惠民河）、五丈河和金水河。汴河横穿城中部，是当时最重要的一条河流。蔡河是经过开封城南部的一条河，由陈州、蔡州而来，经过开封入于沙河。五丈河位于开封城东北，是开封东北一带的漕粮通道。金水河发源于今荥阳县境，流经开封西南，由西北水门流入京城，它主要是为了解决皇宫用水。开封能成为都城，和境内的丰沛水源、发达的水运有很大关系。

北宋时期，一方面，我国封建社会已经开始由兴盛走向衰败；另一方面，由于客观原因（开封地处平衍之地），境内卑湿而少山，开封城内宏伟的宫苑建筑不再出现了，代之而起的则是园林式建筑。据文献记载，开封的园林建筑很多，见于文献的园林有寿圣殿、龙德宫、延福宫、景灵宫、玉津园、芒林园、下松园、药朵园、奉灵园等。

开封府人烟稠密，经济繁荣，商业很发达。据文献记载，仅在政府登记的商贩就有 6400 户，此外还有许多走街串巷的零销商人。繁华的商业区分布在城东南和南部。最繁荣的商业街为宫城南部宣德门东的潘楼街、土市子、州桥东南角门，以及扬州门一带。潘楼街一带为金融中心，专营金银、彩帛的商店，门面宽广，其交易额是很惊人的。城内还有定期集中的交易市场，相国寺是其中最大的交易市场之一。据记载，相国寺每月开放 5 次，每次参与交易的商人可以达到万人以上，这里主要出售与生活有关的商品，如杂物、书籍、笔墨、字画、碑帖、药品、土产等。

城内还有一些通宵营业的地方，或为夜市，或为晓市。如州桥有夜市，

深夜还不打烊收摊；朱雀门一带有晓市，他们天不亮就开张营业，人称“鬼市子”。许多饮食店、酒店等多是通宵营业。

开封的手工业很发达，主要有官营和私营两种。官办手工业有衣服、绫锦、瓷器、印刷、酿酒等行业，私人手工业有金银铺、药铺等。在狭窄的街道两旁，店铺密布，商号毗邻，有的张灯结彩，有的扎建彩楼。所有这些，在名画《清明上河图》上有细致生动的描绘。

开封城不仅是全国政治经济的中心，也是文化中心。太学是全国最高的学府，崇宁年间最盛时学生达到了3800人。太学之外还有国子监、四门学、武学、律学、算学、画学、医学等专科学校。

知识链接

天下第一塔

在古城开封的东北隅，耸立着一座高大挺拔的古塔，它就是开封的镇市之宝，被誉为国宝“天下第一塔”的开封铁塔。

铁塔原名开宝寺塔，始建于北宋皇祐元年，即公元1049年，八角十三层，高55.63米，是开封仅存的两处北宋地面文物之一。因其通体镶嵌褐色琉璃砖，颜色近似铁色，从元代起，民间俗称为“铁塔”。史书上说，开封铁塔的前身是座木塔，位于开宝寺福胜院内，始建于太平兴国七年，也说是公元982年，建成于宋太宗端拱二年，谓之福胜塔，宋真宗大中祥符六年，“有金光出相轮，车驾临幸，舍利乃见，因赐名灵感塔”，是宋太宗用来供奉吴越国进贡的阿育王佛舍利用的。

开宝塔在建成55年后毁于雷火。1049年宋仁宗重修开宝塔，这次重修，换了地方，由福盛院改到了上方寺。为了防火，材料由木料改成了砖和琉璃面砖。这就是今天我们见到的铁塔。

铁塔有技术含量很高的科学技术价值。在建塔选材上就吸取了其前身木塔雷击烧毁的教训，而采用了绝缘的、不导电的琉璃瓷砖，避免了大雨

雷击的可能性。瓷砖另一个特点是应压强度高，坚固牢靠，在塔门的设计上也是独具匠心，不用发券的半圆门，而采用上尖下方的圭形门，用五层云纹砖逐层收压，其外观像佛龛，而更为坚固。

1938 年 6 月 5 日，侵华日军以铁塔为目标发动猛烈的炮火袭击，塔身中弹七八十发，塔身北侧遍体鳞伤，第八、九层被打穿了外壁，留下了 2 个 2 米大的深洞，而铁塔渗透着开封人的铮铮铁骨，像一位威武不屈的战士巍然屹立在古城大地。

第七章

水乡故都——杭州

有着2200年的悠久历史的杭州还是我国七大古都之一，人文景观同样丰富多彩，古代庭、园、楼、阁、塔、寺、泉、壑、石窟、摩崖碑刻遍布，或珠帘玉带、烟柳画桥，或万千姿态、蔚然奇观，或山清水秀、风情万般，尤以灵隐寺、六和塔、飞来峰、岳王庙、西泠印社、龙井、虎跑泉等最为著名。“江南忆，最忆是杭州！”

第一节 吴越要区，人间天堂

杭州位于中国东南沿海，浙江省北部，钱塘江下游北岸，京杭大运河南端。全市总面积16596平方千米，其中市区面积3068平方千米。辖上城、下城、拱墅、江干、西湖、滨江、萧山、余杭8个区，临安、富阳、建德3个县级市，桐庐、淳安2个县。以香樟为市树，桂花为市花。

吴越要区

春秋战国时代，长江以南，北面有吴国，以吴（今江苏苏州市）为中心；南边有越国，以会稽（今浙江绍兴市）为中心。吴、越分界线大致在浙江嘉兴市南一线，杭州在越国的西缘。吴国传到阖闾一代，起兵攻越，兵败战死，夫差即位，为父报仇，大败越国，俘虏越王勾践。后来，勾践大臣贿赂吴国高官，吴王夫差赦免越王勾践，勾践回国反思，卧薪尝胆，刻苦图强，任用贤臣，整顿国政，爱护百姓，经过十年生聚，十年教训，积蓄了力量，终于转弱为强，等到条件成熟，抓住时机，一举灭吴，继而大会诸侯，成为霸主。又传数世，越国衰弱，楚国取越江南地，越国分裂，各自为王。秦始皇二十七年（220年）平定江南，以越地为会稽郡，治吴（今江苏苏州市），并在今杭州置钱唐县。汉袭秦制，当时会稽郡管辖范围广大，包括今长江以南镇江市以东的江苏大部、上海市及浙江、福建二省，郡以下另外设置西、东、南三都尉。由于原来的吴、越地并为一个地区，处于吴、越接合部的钱唐，北连吴地，东控越境，南扼浙江（钱塘江）江口，地理上处于优势地位，西部都尉就驻在这里。汉朝制度，都尉是太守副职，主要掌管境内社会治安。郡太守的薪俸为二千石，都尉的薪俸为比二千石，地位仅次于太守。古代二千

杭州古城墙

石是高官的代名词，都尉的设置反映钱唐地位的上升。东汉以后属吴郡，三国吴时为吴郡都尉驻地。

经济、文化方面，早期的情况不是很清楚。史载，三国吴创建者孙坚随父亲乘船到钱唐，遇到海盗抢劫商人财物。孙坚原籍富春（今浙江富阳市），富春也是一个县，但是他的家属都住在钱唐；孙权的母亲，原来是吴人，后来徙居钱唐。南朝陈朝徐陵编了一部《玉台新咏》的诗集，收有《钱唐苏小歌》一首。据传苏小小为南齐时人，是钱唐善诗能文具有相当文化素养的歌妓，她只能在较为繁荣的城市里才能有活动舞台。以上这些，从侧面反映三国至南朝钱唐经济情况较为发达，可能是仅次于吴、会稽，而地理形势要胜于这两个城市。

人间天堂

元改临安为杭州路，是江浙行省省会；明、清称杭州府，是浙江省省会，今称杭州市，仍为浙江省省会。杭州美丽的自然景色和人文景观，繁荣富裕的生活，是人们理想中的宜居城市，游览胜地，早在宋代已有“天上天堂，

地下苏杭”之称。以后常常用这一类词曲描绘苏杭的富裕和美丽。元代睢玄明《咏西湖》：“论中吴形胜真佳丽，除了天上天堂再无比！”元初女真族人奥敦周卿《双调·蟾宫曲》：“西湖烟水茫茫，百顷风潭，十里荷香。宜雨宜晴，宜西施淡抹浓妆。尾尾相衔画舫，尽欢声无日不笙簧。春暖花香，岁稔时康。真乃上有天堂，下有苏杭。”这首元曲出现后，“上有天堂，下有苏杭”，一直流传下来，至今被人们所熟悉。

此外，杭州西部有西溪国家湿地公园，离西湖不远，面积 11 平方千米，由河、池、塘、沼泽等组成，还保存着次生态自然地理环境。树木茂密，河港曲折，林间小道，小桥流水，乘船游览，两岸景色，尽收眼底，间有宾馆饭店，是休闲度假胜地。古代和近代都有名人居住。

除上述重点名胜外，其他还有将台山麓的八卦田、南高峰和三台山麓的法相寺、九溪东北的理安寺、上天竺中天竺下天竺的天竺三寺、北高峰的清涟寺、灵峰山的灵峰寺等名胜古迹。四周环境十分幽静。杭州景色的最大特点是自然景观与人文景观的紧密交融，时间和空间的密切结合。人处其中，既能充分享受到大自然的优美，又能清楚感触到历史脉搏的跳动，无怪乎人道这里是：人间的天堂，天上的人间！

杭州也是中国历史上的一座著名的古都，位于浙江省钱塘江北岸。它北临杭嘉湖平原，东临杭州湾，西倚群山和西湖，地理和自然条件十分优越，故俗语有“上有天堂，下有苏杭”的美称。

杭州的早期历史，可以追溯到良渚文化时期。其为州治是在隋代。那时，杭州的州治在余杭县，而不在现今的杭州市境内。到了五代时期，杭州经济发展，终于成为吴越国的都城，这是杭州成为都城的开端。自那以后，杭州经常与中原发生经济文化联系，经济发展很快。到了南宋时期，终于成为中央王朝的都城。南宋从 1138 年在此建都，到 1276 年为元所灭，杭州为南宋都城凡 138 年。

钱唐和余杭的传说

钱唐是今杭州前身。司马迁《史记·秦始皇本纪》说：始皇三十七年（公元前 210 年），南巡云梦（今湖北境）、九嶷山（今湖南境），回途时沿长江顺流而下，经过丹阳（今安徽当涂东北丹阳）、钱唐，东往会稽（今浙江绍兴市）。本来想在钱唐渡浙江的，但这里江面辽阔，波涛汹涌，只好到西边江

面比较狭窄的地方渡江，这是有关钱唐最早的记载。据考证，秦始皇渡江处大概在钱唐西不远的今富阳附近。历史上杭州一带有不少关于秦始皇的传说，相传在宝石山下，有秦始皇渡江缆船石的遗迹；城南包山以西诸山，原名秦望山，据传是秦始皇试图渡江的地方；北面的嘉兴，原名长水县，秦始皇听说这里有天子气，命囚犯十万人挖掘那里的土地，用来破坏所谓王气，改县名为囚卷县，一称由卷县，到三国吴时才改为禾兴、嘉兴。今海盐南 10 千米的秦山，现在建有核电站，历史上曾名秦径山、秦望山，北魏《水经注》引古书说，秦始皇登此山望海，因而得名。秦始皇到了会稽以后，祭祀大禹，考察民俗，登上秦望山（后称鹅鼻山）顶，眺望南海（今东海），命丞相李斯撰文刻石存世，即著名《会稽刻石》，全文载于《史记》。现存会稽刻石，几经复刻，已不是原物，保存在绍兴市大禹陵碑廊。

为什么秦始皇不能在钱唐渡江呢？这和当时的地理形势有关。在远古时代，今杭州市区和西湖还没有形成，西湖以西诸山以及北面的宝石山和南面的吴山，组成了一个小海湾，湾口外是一片浅海，西部注入海湾的大小河流，不断挟带着泥沙，在湾口堆积成沙嘴，最后和外海隔绝，成为湖泊，出现大片滩地。秦汉时代，现在的市区还是一片潮汐出没的海滩，至少今城南江干一带，尚未成陆，南岸的萧山西兴镇附近也逼近江边，所以江面宽阔，不是渡江的合适地点。

南朝梁在钱唐置临江郡，不久就废除。陈祯明元年（587 年）又置钱唐郡，隋置杭州，后来改杭州为余杭郡，所以杭州也叫余杭。秦原有余杭县，故址在今浙江杭州市余杭区南。为什么叫余杭？相传大禹治水胜利后，在这里“舍杭登陆”，前往会稽大会诸侯。“杭”意为舟或渡，意思是放弃乘船改走陆路，所以把大禹离船上岸的地方叫“禹杭”，“禹”和“余”同音，以后转称为“余杭”了。这不过是穿凿附会，不能当作史实根据。据研究，“余”同“于”，是当地土著居民的发语词，除余杭外，汉代还有余姚（今同名）、余暨（今杭州市萧山区）、于潜（今浙江临安西于潜镇）、余汗（今江西余干）。这个故事大概是在钱塘江在这里形成渡口后才有的。

为了防止海潮侵袭，汉末地方官华信，召募百姓筑海塘，答应运泥土、石料一斛（五斗）给钱一千，因此参加运土石的民工很多，不料运到以后说海塘不筑了，百姓无奈，只好把运来的土石全部倒掉，这样海塘也就堆成了，所以叫钱塘；另有一说，华信是捐出自己家产来建造海塘的。这些传说见于南朝时的记载，当时肯定已经有海塘了。

秦汉钱唐县故址在南朝时还存在，据刘道真《钱唐记》说："在灵隐山下，至今基址犹存。"但灵隐山在哪里？各种说法不一。有的认为在今灵隐寺一带，有的认为在老和山麓，有的认为当时灵隐山是泛指西湖群山等，由于没有发现遗址，迄今没有定论。不过，大都主张在西湖以西的山麓或山间盆地，还不在今杭州中心城区之内。

知识链接

老杭州城墙的故事

杭州最早修筑城墙的记载从隋朝开始。

隋开皇九年（589 年），改钱唐郡为杭州。两年后，隋文帝开始建筑杭州城墙，东临盐桥河（今中河），西濒西湖，南达凤凰山，北抵钱塘门。

五代时，作为吴越国首府的杭州"富庶盛于东南"。于是，当时的君主钱镠进行了规模浩大的城墙修筑，其范围南抵六和塔，东濒东河，北至武林门，西抵雷峰塔，城呈腰鼓形，周围达 70 里，城门达到了十座。

南宋的临安城更成为当时全国的政治、经济、文化的中心。

1158 年，宋高宗将杭州东南面的城墙向外扩展了约 40 米。于是，临安城的轮廓形成了——它南跨吴山，北到武林门，东南靠钱塘江，西临西湖。城区南北长约 14 里，东西宽约 5 里，"称不上是个大城市"。

随着元兵的入侵，临安遭到了空前的洗劫。元朝统治者强令各地拆毁城墙，杭州城墙也在此时轰然倒塌。那些未被完全推平的城墙，渐渐衍化成了地名——现在的金鸡岭，其实当时被称为京基岭，意味京城之基础；而城头巷，则是原来城头边的小巷。

元末，农民起义领袖张士诚进城后，又重新筑城墙，将东城墙向东扩了 3 米，从现在的东清巷移至如今的环城东路。当时的护城河就成了贴沙河。

第二节 最美丽的古都

杭州以其美丽的西湖山水著称于世，“上有天堂、下有苏杭”，表达了古往今来的人们对于这座美丽城市的由衷赞美。宋代大文豪苏东坡曾写道：“天下西湖三十六，就中最好是杭州。”西湖，她拥有三面云山，一水抱城的山光水色，她以“浓妆淡抹总相宜”的自然风光情系天下众生。

吴越建都前后的杭州城

五代十国时期，江南一带的割据小国吴越国在杭州建立了一个都城，这是杭州建都的开始。那么，吴越建都前后杭州是个什么样呢？

根据现有的资料，杭州一带的原始居民的生活，首先要从良渚文化谈起。良渚是杭州西北郊的一个市镇。1936 年，一支由考古学家组成的工作队开进了这里，他们发现了许多新石器时代的遗物，接着，发现了大面积的遗址。于是，良渚文化的面貌开始被人们所了解。良渚文化的居民还生活在原始社会的发展阶段上，他们的经济以原始农业为主，兼营采集和渔猎。良渚文化的时代大约距今 5000 年。

西湖美景

通过考古和地质工作，目

前大致可以知道：约距今5000年以前，良渚人已经生活在杭州一带了；良渚人以采集、种植水稻为主；西湖已经形成，西湖周围以沼泽、盐滩居多，西湖周围的群山上到处都是原始森林。

杭州境内的居民，何时摆脱了原始社会，目前我们还不清楚。据文献记载，就在春秋战国时期，杭州已经纳入中华民族的生活行列了。最先统治杭州的大概是春秋末年的吴国，为了向西防御楚国，向南防御越国，吴国控制了杭州地区。

杭州置县，纳入中央王朝的正式版图，是在秦王朝时期。秦始皇统一中国，建立了郡县制，在今江南一带设会稽郡。杭州以钱唐县名，正式隶属于秦王朝的会稽郡。以后，西汉、东汉、东吴、东晋、南北朝都在这里设县。南北朝初期，有个名叫刘道真的人来到钱唐当县令，闲暇无事，写了一本《钱唐记》，记载了钱唐的早期历史。这是中原人正式为杭州单独立“传”。

杭州从县“升格”到郡，是一个很偶然的机会。南北朝时期，南朝的疆域较为狭窄，到了南朝最后一个王朝陈时，其版图就小得更可怜了。陈朝的国势很弱，疆域很小，但是可笑的是：国虽弱，疆土虽小，但是各官吏的“行政级别”却是不能降低的，于是钱唐的辖区虽然小，陈朝仍在此地设郡，名钱唐郡。这是杭州由县升格为郡的开始。

杭州由郡升格至州，则容易得多了。589年，隋朝的大军分数路南下，攻灭了陈朝，随后在其疆域之内重建行政建制，将钱唐郡升格为州，并称杭州。这是杭州为州的开始。隋朝的杭州最初将州治定在余杭县，而后又定在柳浦（今江干一带）。接着，隋朝调用民力，大兴土木，在柳浦一带修筑杭州城。文献记载，隋朝的杭州城周长36里。

隋炀帝即位后，继续经营杭州城。为了能将杭州一带的粮食运往新建的都城洛阳，隋炀帝开凿了以洛阳为中心的运河网，将黄河、通济渠、淮河、邗沟、长江连接起来，洛阳从此可以与杭州直接通航。当时，从镇江经过苏州、嘉兴到杭州800余里，河道宽10余丈，夹岸遍栽柳树，河中樯橹相接、舟行如梭，可以通行大型的龙舟。杭州由此一跃成为南方非常重要的商业城市。《隋书·地理志》记载当时杭州的情况时说：这里的河流很多，水源充沛，土地很肥沃，因而盛产水陆产品、珍奇异宝。为了能够获得这些东西，商人们经常到这里来。

唐代仍在这里设州，州治设在现今杭州市境内。唐朝对杭州的经营，最主要的成就是在杭州境内修建“六井”。据文献记载，这个工程修筑于唐大历

年间，是由当时很有名望的大臣李泌（时任杭州刺史）负责。

唐代的“六井”是相国井、西井、金牛井、方井、白龟井、小方井。据考证：相国井位于现今解放街井亭桥西，西井位于相国井之西，金牛井位于西井西北，方井位于金牛井西北，白龟井位于今龙翔桥西，小方井位于今小车桥附近。所谓的六井，都是用瓦管或竹筒连接成流水槽，利用地势之差，将西湖水引向陆地。修筑六井是为了解决当时杭州城以及附近居民饮水和农业灌溉的问题。

除了李泌之外，在唐朝历史上，还有一位很有名的人担任过杭州刺史，这就是白居易。白居易担任杭州刺史的时间是长庆二年（822 年）。他在这里也有德政，主要功绩就是治理西湖，以提高西湖的蓄水能力。

经过两位很有名的大臣治理西湖以及杭州，杭州的水利和经济状况都有很大的改观。随着经济的发展，杭州的商业更加发达了。唐代有位名叫李华的人，曾作《杭州刺史厅壁记》。文中提到：他写文章的时候，杭州一带的河流上，停泊等候装货的船只首尾相接，竟然有 20 里长；杭州城内，开张买卖的商号竟然达到了 3 万家。这时，杭州已是一派大都市的气象了。

唐朝末年，全国动乱，各地纷纷割据独立。一时之间，在中原地区出现了 5 个大政权相继而立的局面，而在一些偏远地区，则相继出现了 10 个小的割据政权。这就是所谓的五代十国时期。在 10 个小政权当中，有一个名叫吴越的国家，以杭州为都。这是杭州为都的开始。

吴越国的创始人名叫钱镠。最初，他作为唐朝的镇海节度使，为唐廷镇守杭州，看守海疆。后来，看到其他刺史都有独立之心，便于 893 年拥兵自重，开始闹割据。907 年，朱温为了得到边关一带手握重兵人的支持，利用职权，封他为吴越王，于是他就正式称王，在杭州为自己建都城了。吴越国一共经历了 5 代 70 年，都城一直设在杭州。

吴越国的首都平面布局是个什么样子，文献讲得不清楚，目前考证、勘探工作做得也不多。大体知道：吴越首都的外围有个外郭城，称罗城，周长约 70 里；在罗城之内，凤凰山下，又筑一个子城，这就是王宫所在；子城内建宫殿，子城外有道路、街道、河渠、房舍等。

钱镠为王时，对于杭州的建设，还是比较有贡献的。他登基后的第一件事，便是修筑沿江沿海的堤塘，当时称作捍海塘。那时，杭州的水位不稳定，但逢雨季和台风时，沿江沿海，咸潮由东向西，经常形成倒灌，严重影响居民的正常生活和生产。为了保证杭州城的安全，钱镠征调大量民工，沿江沿

海修筑堤塘。沿江 100 多里，杭州人采用夹板筑塘的办法，有效地筑起了捍海塘。这就保护了杭州的近郊和城邑，为杭州的扩展创造了有利的条件。与此同时，钱镠又在钱塘江沿岸修建龙山、浙江二闸，以遏制咸潮的倒灌。

文献较多地记载了吴越国对西湖风景区治理的业绩。五代十国时期，中国流行佛教，吴越国也不例外。在此时期，吴越国在西湖风景区内留下了大量佛教的遗迹。东晋时，西湖建有灵隐寺，吴越国将它扩建，使它成为一个规模更大的佛教寺院。吴越国还在西湖境内，新建了较大的昭庆寺和净慈寺，以及较小规模的理安寺、灵峰寺、云栖寺、六通寺、法喜寺、开化寺等。西湖的一些塔，也是这时修建的，如西关外的雷峰塔，月轮山的六和塔，闸口的白塔，和宝石山的保俶塔等，都是这时建造的。在这 4 座塔中，除了雷峰塔早已坍塌之外，其他 3 座古塔都还屹立在西湖岸边，为湖山增添了无限的风光。

吴越国对钱塘江的治理也值得称道。当时，钱塘江是吴越国与外地交往的水路要道。为了减轻江中险滩对各类船只的威胁，吴越国对钱塘江里的礁石、浅滩进行了综合治理。由此，吴越国与沿海各地来往，甚至与日本、朝鲜的交往，都通过这条河道进行。

吴越国是偏安一隅的小国，仅仅由于国家分裂，它才能“独立”于中原国家之外，国家一旦统一，这个独立的国家立刻就瓦解了。960 年，赵匡胤发动陈桥驿兵变，夺取后周皇位，建立北宋，结束了五代十国的分裂和割据局面。不久，钱塘江畔的这个封建小国也就瓦解了。钱氏家族向北宋投降，吴越国灭亡。

北宋王朝收得杭州后，继续在这里设置杭州，以管理东南沿海。北宋对杭州的经营，主要在于治理西湖和六井，因为当时杭州主要依靠西湖和六井的淡水来供应居民正常的生活和生产用水。在治理西湖方面，景德年间的杭州知州王济、仁宗朝的知州郑戬和沈遘、神宗朝的知州陈襄和通判苏轼都做过较多的工作。尤其是苏轼，他在神宗朝时任杭州通判，又于哲宗朝任知州，两度任职杭州，对杭州水利工程建设做了很多工作。经过历朝历代的建设，至北宋时，杭州的经济发展很快。欧阳修在一篇题名为《有美堂记》的文章中称：杭州的屋宇建筑是极为华丽的，那里的居民已经达到了十万户。

吴越和北宋的经营，使得杭州的经济文化有了很大的发展，这为南宋以此为都，提供了良好的条件。

南宋都城——临安城

北宋末年，金人大举南侵，1126 年攻下了开封，北宋王朝灭亡。1127 年，宋高宗赵构在南京（今河南商丘）即帝位，接着建都临安（今浙江杭州），史称南宋。从此，杭州成为全国的政治、经济、文化的中心。

南宋治都杭州期间，为何杭州骤然能够成为全国政治、经济、文化的中心呢？究其原因，不外四点：其一，自五代吴越国以来，杭州经济文化比较发达；其二，大量北方居民南下，大大充实了杭州地区的居民人数，从北宋初年的 10 万户、50 万人，骤然增加到 26 万余户、55 万余人，至南宋末年，全城人口超过 100 万，那个时期，经济发展与人口多寡是成正比例的；其三，北人南下，带来了大量的先进技术和文化；其四，大量北人南下，特别是官吏和富户的南下，携带来了大量资金，使得杭州突然之间拥有了大量启动资金，杭州经济发展因此有了动力。从人口结构、经济结构、文化结构等几个方面考察，杭州不但是当时全国的第一大都市，而且还是当时世界上最繁华的大都市之一。南宋在此为都 150 余年。

南宋朝廷在临安站住脚之后，立即按照都城的规格来修筑杭州城。南宋的都城临安城是在吴越的都城基础上修筑的，分为宫城和外城两部分。

宫城又称大内，是以吴越的旧治子城为基础增筑的。目前已经发现了北城垣和东城垣。北城垣夯筑，长 200 米，宽 11 米；东城垣长 390 米，宽 10～11 米。北城垣内曾经发现包墙砖。由此推测，宫城的位置在城南凤凰山东，范围为：东起凤山门，西至万松岭，东至候潮湖，北至江干。

宫城共有 4 个城门：南门名丽正门，北门名和宁门，东门名东华门，西门名西华门。南门丽正门是宫城的正门，巍峨壮观、宏伟壮丽。

宫城内曾经发现两个大型的夯土台基，推测南宋时的宫殿也还是筑建在大型夯土台基之上的。文献记载，宫城内有 30 座宫殿。另外，宫城内还有堂、楼、斋、台、阁、观、亭、轩等建筑，雕梁画栋，非常华丽。

进入皇宫，就是皇宫中最大的宫殿大庆殿，这是国家举行大典的地方。大庆殿后面是垂拱殿，它是皇帝办公及召见文武大臣议事的地方。垂拱殿后面就是后妃、太子居住的内廷。内廷之后就是供皇帝及大臣游览的“后苑”。后苑内有松柏、假山、小西湖，还有许多亭台楼阁。

外城形状很像是腰鼓形，故有人称其为“腰鼓城”。外城是在吴越城的基础上建筑起来的，并有所扩大。据记载，外城共有 13 座城门。东面有 7 座城门，它们由南而北为便门、候湖门、保安门、新开门、崇新门、东青门、艮山门；西面有 4 门，由南向北为钱湖门、清波门、丰豫门、钱塘门。南面有嘉会门，北面有余杭门。南面嘉会门是外城的正门，最为雄伟壮观，为外城各门之冠。当时，南宋的皇帝每逢南郊祭礼必由此门出入。北门余杭门，和浙西、苏、湖、常、秀以及江淮诸道水陆相通，是货物集散之地，商贾往来很盛，为北面交通要道。西面的丰豫门最靠近西湖，凡城内游西湖者，必定经此门而出。在便门、东青门、艮山门的外边又有瓮城。此外，杭州城在南宋时期还有 5 座水门，它们是南水门、北水门、保安水门、天宗水门和余杭水门。外郭城外有护城河。

外城居中位置有一条贯通南北的御道，又称天街，南起宫城北门和宁门，北至余杭门（今中山路）附近。御道全部用石板铺砌，平坦广阔。两旁有御沟，御沟内种植荷花，岸边栽种桃李，每当春夏之交，这里美如锦绣。

紧靠皇宫的是中央衙署，当时最高的权力机关三省六部大都集中在这里。当然，也有一些行政部门，如太常寺、秘书省、武学、太学、国子监等，没有设在这里。另外，与早期的布局不一样，官营的手工业作坊分散在城内各处。将作监的军器监在保民坊内，太庙位于紫阳山之左，社稷坛在观桥东北，九宫坛在东青门外。

全城分为 8 个厢（城外尚有 2 厢），共有 68 个坊。这时的坊已经和前代大不相同了，完全临街，没有坊墙。坊只是一个地段的名称，与今日的巷大抵相同。

南宋杭州不仅是当时全国政治中心，也是经济中心，是全国最大的商业城市。杭州主要从苏、湖（今吴兴）、常、秀（今浙江嘉兴）和江西、湖南、两广等地运入粮食，而以湖州运入量最多。湖州运入的大米，大都通过漕运运抵杭州的北门外。南宋的杭州城内，通常也是不能自理蔬菜的，要从近郊运入蔬菜，而主要是从东门外运入。南宋时，人们已经不再烧草做饭了，而开始用煤炭和柴。柴炭主要来自严州（今建德）、富阳等地，都集中到南门一带。当时流行这么一句谚语，“东门菜，西门水，南门柴，北门米”。

杭州从外地运入农副产品，同时向城外输出产品。杭州向外地输出的产品主要是手工制品。南宋的造船业很发达，可以建造上百吨的海船，同时也能生产数十吨重的内河船。文献经常提及，南宋的船舶驶向东南亚地区。南宋杭州一带的丝织业是很有名的，仅丝绸上的彩色图案就有好几十种，如有

柿蒂花、罗素花、结罗、熟罗等。杭州的印刷业已经达到相当高的水平，主要是活字印刷。杭州出土了许多官窑的瓷器，釉色莹彻，是当时的珍品。

由于不再修建有坊墙的里坊，街道都是冲向大街，故而杭州城内的贸易并不一定在官方规定的“市”里进行，无论大街小巷，店铺林立，购销两旺。当时，最繁荣的商业区集中在御街、荐桥街、后市街一带。在杭州，还有一些定期的、专业性很强的集市，如药市、珍珠市、丝绵市、花市、成衣市、肉市、米市、盐市等。专业性很强的行业也应运而生，如文献经常提及的麻布行、青果行、蟹行、鱼行、海鲜行、青器行、纸扇行、木行、竹行等。

南宋时期的海外贸易相当发达。距杭州城东25里有个澉浦镇，是南宋杭州对外贸易的较大商港。那里船舶云集，既有各种番贡南货，也有许多珍异饰物和珍禽异卉。

杭州城内的文化设施很值得注意。太学还是全国最高的学府，规模宏大，生员最多时达到2000～3000人。南宋都城杭州的专科学校也很多，以医学、武学为主。在此时期，民间艺术是重要的发展阶段。杭州城里已经有了专门从事娱乐活动的场所，名叫“瓦子”（或称瓦肆、瓦舍）。在瓦子之内，通常要设好几个“勾栏”（与现今的场地相似），人们使用好几种不同的方式来表演，如说书、戏剧、相扑、说唱、影戏等。

杭州最大的游览胜地是西湖。西湖，最初是一个天然的蓄水库，在吴越国时还是如此。以后，经过北宋的经营，这里的旅游资源得到了开发。南宋时，经过政府和民众的努力，这里不仅成为帝王将相和地主贵族的安乐窝，而且还成了本城居民和全国各地来首都的流动人口游玩的大公园。

西湖的第一座建筑，相传建于东晋咸和元年（326年），这就是灵隐寺。以后，历代在此常有建筑，于是出现了近百座亭台楼阁。西湖的十大景观，如平湖秋月、苏堤春晓、断桥残雪、雷峰夕照、南屏晚钟、曲院风荷、花港观鱼、柳浪闻莺、三潭印月、双峰插云等，多数都是在南宋时期形成的。除了观赏西湖附近群山的景观之外，在西湖里放舟，也是游玩西湖的重要内容。南宋时，西湖里的游船比较多，既有皇家的御舟、龙舟、小脚船、彩莲船，也有官方监造的数十丈长的大船，还有寻常百姓家的扁舟。

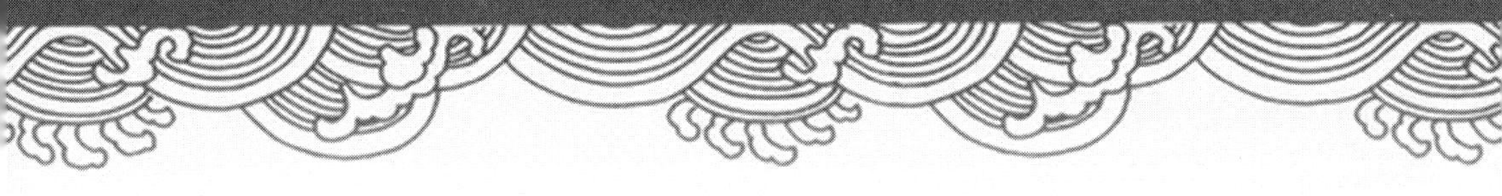

第八章

洹水帝都——安阳与邺城

安阳，中国七大古都之一，简称殷、邺，有3300多年的建城史，500年建都史，是早期华夏文明的中心之一，中国历史文化名城、中国优秀旅游城市、国家级园林城市、中国航空运动之都，是甲骨文的故乡，《周易》的发源地，中国文字博物馆、红旗渠、曹操高陵所在地。被考证的华夏文明最早使用的文字——甲骨文、世界上最大的青铜器——司母戊大方鼎在这里出土。安阳殷墟是世界公认的现今中国所能确定的最早都城遗址，有“洹水帝都”“殷商故都”“文字之都”之美誉。上古三皇五帝时代，颛顼、帝喾两位帝王在安阳境内建都。殷商时期为商都殷墟。汉末以后，以邺城为中心的安阳先后成为曹魏、后赵、前燕、冉魏、东魏、北齐六个王朝的都城。

第一节 巍巍古都地

安阳位于我国河南省的最北部，其东与河北省的临漳、磁县接壤，西与山西省的长治、临汾相望。它的西北是太行山脉，它的东面是华北大平原。安阳地处太行山脉与华北大平原交接地带，境内西部多为山冈丘陵，东部则是漳、洹冲积扇。安阳地势平坦，气温适中，水分充足，土地肥沃，宜于农牧，自古就有人类在此生息繁衍，是华夏文明的发祥地之一。安阳与邺城原是两个不同的行政单位，只是因为它们在历史上曾经长期合治，且地域相邻，故合在一起叙述。

安阳与邺城的变迁

安阳是中国八大古都之一，是甲骨文和易经的故乡，同时也是中华文明的重要发祥地之一。安阳位于河南省最北部，地处南北交通要冲，东接齐鲁，西倚太行，北濒幽燕，南望中原，自然环境优越，其有着较为深厚的历史文化积淀，被誉为“文字之根、文化之根、人祖之根”。

盘庚迁殷之前，安阳被称为北蒙。在公元前 1300 年，商代第 20 位国王盘庚率领臣民从“奄”迁至北蒙。他们自称为“商”。在商朝灭亡之后，有人将其称为“殷”。

安阳之名最开始出现在战国末期。公元前 275 年，《史记——廉颇蔺相如列传》中有这样一段记载：“廉颇攻魏之防陵、安阳，拔之。”在《史记·赵世家》记载：“惠文王二十四年，廉颇将，攻魏房子，拔之，因城而还。又攻安阳，取之。”在历史上，安阳被第一次提到。在秦朝统一六国之后，天下被分为 36 郡。安阳分属上党、邯郸二郡。在三国时期，安阳属魏郡。

公元401年，北魏在邺城立相州，取河甲居相为名，它是为相州名称之始。邺城仍属相州治理。公元577年，北周灭北齐，邺城被焚，邺民全部迁至安阳。从此之后，安阳被称为相州，也可以称邺郡。隋、唐、宋都沿用了相州这一称谓。

公元1192年，金国升相州为彰德府。明、清一直沿用，直到民国初年。在1913年，中华民国政府废彰德府，复置安阳县。1949年成立安阳市，隶属平原省。在1952年，撤销平原省建制，安阳市为河南省直辖市。

春秋齐桓公时期，在现在的安阳城北边建筑邺城。战国初年邺地属魏。西汉置魏郡，郡治在邺城。在东汉末年，曹操夺取邺城，然后将其营造成为政治中心。其后的后赵、冉魏、前燕、东魏、北齐都是在这里定都。直至北朝末年，邺地不仅是北方的政治、经济、文化中心，而且也是当时全国经济最发达的地区。邺城是最为著名的大都会。

隋唐以后，继邺城之后，相州逐渐兴起。北宋时的相州城被修建得特别华丽，宋太宗称相州衙门为“朕居不过是也”。在近代的时候，相州被升为彰德府。明清时期，彰德一度是天下“要府”，是地方政治经济中心。自从杨坚焚毁邺城之后，安阳就失去了都城的地位，但是其浓厚的文化仍然影响着其后世的发展。

千古帝都发祥地

安阳和邺城为都的时间及大致情况如下：安阳是我国最早的，既有文字可据，又经考古证实的一座商代国都——殷墟的所在地。文献记载，早在3000多年前，商朝名王盘庚将国都迁到了这里。自那以后，商王朝的12朝国君，就一直生活在此，直到商灭亡，前后历时273年。

春秋末年，三家分晋，魏国得到了邺城，在此设置行政机构。战国初期，魏国遭到秦国进攻，形势很危急。为了避开秦国东向的锋芒，为了与其他诸侯国家组成抗秦的联盟，魏国一度将国都迁到了邺城（公元前5世纪）。魏国虽然以此为都较短暂，但在安阳和邺城的历史上，这是第二次为都。

秦灭魏，西汉灭秦，东汉继立，两汉都在邺城设魏郡。东汉末年，冀州移治此地，由袁绍担任冀州牧。袁绍相继吞并冀、并、青、幽四州，邺城遂成为东汉末年黄河流域中下游地区的政治经济中心。

204年，曹操打败了袁绍，相继并有冀、并、青、幽四州，曹操自署丞

相，封魏公，晋升为魏王。以后，东汉政权名义上的政治中心在许昌，而实际上的政治中心却在邺城。这种政治格局一直维系了16年。220年，曹操死，其子曹丕继位。曹丕将首都移往洛阳，邺城遂成为陪都。邺城为陪都凡46年。在安阳历史上，这是第三次为都。

西晋灭曹魏，邺城失去了陪都的地位。西晋末年，匈奴贵族先在现今山西、陕西一带割据，接着大兵南下，攻灭了西晋王朝。在十六国时期，从335—370年，先后35年，后赵、前燕、冉魏三个小割据政权以邺城为国都。

北魏统一北方，拥有了黄河流域的大部分地区。北魏后期，宇文泰与高欢形成两个政治派别，最后分裂为东魏、西魏两个政权。在东魏和西魏的基础上，又相继形成了北齐和北周两个政权。从534年开始，至577年为止，北朝中的东魏、北齐政权以邺城为都43年。

综上所述，在中国历史上，至少有商、战国魏、曹魏、后赵、前燕、东魏、北齐等七个王朝在此建过都城，东汉袁绍将此城建为冀、并等四州的政治中心。除开战国魏、东汉末年的袁绍之外，隋朝以前，安阳为都前后约367年，为陪都46年。

知识链接

安阳城的来历

很早以前，安阳城不叫安阳城，叫永和城，在离现在安阳城20多千米远的永和乡。

永和乡地势低洼，潮湿多雾，这里的人都想把城池搬到一个向阳的高岗上。可是，这么大的一个城，谁也搬不动。

有一天，雾气很大，有个神仙在永和城的上空说："永和城，不久城，又潮又湿雾蒙蒙，往西四十五（22.5千米），高岗上头能长久……"神仙一连说了三遍，就走了。

听到神仙的话，人们都说，把城往西迁吧，那里可是个好地方。可是，

这么大的一个城，啥时候才能搬完呢？

人们的真诚感动了神仙。一天夜里，从天上来了五个神仙，来搬迁城池。这五个神仙，四个托住城池的四角，一个顶住城池的中间，各显神通，刮起了一阵狂风，把永和城向西迁了22.5千米，移到了高岗地带。刚把城池安好，公鸡叫了。公鸡一叫，天慢慢亮了。神仙办事，全凭阴气，见阴不见阳，天亮前，都回天宫去了。

永和城里的人们，半夜里听到狂风呼呼，吓得谁也不敢偷看，只蒙头装睡。一觉起来，只见太阳东升，光照满城。人们看到城池已搬到了高岗向阳的地方，都很高兴。

城里一位岁数最大的白胡子老头儿说："咱的城池搬到这里，首先得到的就是温暖的阳光，我们要在这里长期居住下去，就图个吉利，给城起名叫安阳吧！"众人说："这个名儿很好。"随后把城门上的"永和"二字去掉，换成了"安阳"二字。

据说，现在每逢大雾天，在永和乡一带，还能看到永和城的影子呢。

第二节　从殷墟到邺城

早在2.5万年前的旧石器时代晚期，人类就在这里留下了活动的遗迹，创造了著名的"小南海文化"。约公元前1300年，商王盘庚率领部族迁徙到安阳，历八代十二王，共255年。这一时期的商王朝疆域辽阔，国力空前强

盛，开创了中国上古史的新纪元，也成为公元前14世纪至公元前11世纪世界青铜文明的重要代表。此后，相继有三国时期的曹魏，十六国时期的后赵、冉魏、前燕，北朝时期的东魏、北齐等在此建都，殷都废而邺都起，邺都衰而相州继，相州改而彰德立，古都文明的薪火，在安阳这片土地上传承不断，安阳成为“七朝古都”。

中原文明成熟的标志——商都殷

19世纪末，京官王懿荣得了重病，需用一味名叫“龙骨”的中药。府内小厮按着郎中开的药方，去药房抓药，结果将殷人所使用的甲骨抓回。王氏是一位很有造诣的金石学家，发现府内小厮取回的“龙骨”上竟然有字，便上了心。他将“龙骨”取出，对其文字进行辨认，终于认出这是失传已久的、人们正在苦苦寻求的商代文字。他惊喜万分，立即出资高价收购。于是，在他的带动下，19世纪末和20世纪初，文人颇为流行收购甲骨。那个时候的人们还不知道甲骨的产地，直到20世纪初，在对甲骨文做深一层的研究时，学者们才开始重视甲骨的产地。紧接着，学者们发现：文献所载的商代重要都城——殷墟竟然就在安阳境内。

安阳境内的殷代首都是盘庚以后兴建起来的都城。盘庚是帝阳甲的弟弟，帝阳甲死，盘庚立，是为帝盘庚。文献记载，盘庚执政初期，殷都设在黄河以北的某地。为了改善社会秩序，调整社会矛盾，盘庚便将首都从河北迁到了安阳市境内，称殷（关于盘庚是否迁殷，目前学术界还存在不同认识）。殷墟的地名变化有一个过程：盘庚迁都之前，这里原有地名叫北蒙；盘庚迁到这里以后，开始称殷，也即殷都；称殷墟则是周朝以后的事情了，意为“殷王朝的废墟”。

殷墟遗址

目前，殷都的范围还没有确切搞清楚，其大致范围是：东起今安阳市西北的郭家湾，向西经过高楼庄、王裕口、白家坟、孝民屯至北辛庄，东西长约6千米；南起苗圃北地，东北至三家庄，宽约5千米。殷墟的总面积达30平方千米。

殷墟的平面布局，大体讲来是倚洹河而建的。

在殷墟境内，城市的布局可以分为宫殿宗庙区、王陵区、手工业作坊区、平民和奴隶居住区等。就布局而论，它们彼此之间是大分区、小交杂，反映了早期都城的布局特点。

洹河南岸的小屯村东北地为商代宫殿宗庙区，是殷墟最重要的遗址。这片高地东西宽约450米，南北长约600米，总面积达27万平方米。20世纪30年代，考古工作者在这里发现了53处夯土基址（后分为甲、乙、丙三组）。中华人民共和国成立后，特别是20世纪80年代，考古工作者又在此地发现了一些建筑基址。通过对所出土的遗物及地层进行研究，发现殷墟遗址大致可以分为四期。考古发现的四期文化，与文献所载盘庚迁殷的历史并不是完全吻合的。目前在殷墟所发现的一期文化，多是武丁前期的，盘庚时的遗存是否存在，目前尚存在争议。文献多处记载，自盘庚以后，直至帝辛以前，殷王朝再也没有迁过都。

殷墟大型建筑基址的发掘，对于我们了解那个时期的较为大型的或者说是上层贵族的建筑结构、布局及其特点，具有一定意义。这个时期，较有地位的殷人都喜欢将房屋建筑在大型的夯土台基之上，夯土台基按其形状，平面可分矩形、近正方形等多种形状。房屋建筑是传统的土木结构形式，先用挖基法或填基法做房基，而后在房基上置础（铜、石两种），然后再在础石上置安木柱，最后在木柱上支架屋顶框架，并在诸柱之间版筑墙壁。目前在遗址内没有发现瓦砾，推测当时是用茅草棚盖屋顶。殷人建筑房屋时是很迷信的，通常在奠基、置础、安门时，多杀人兽先行敬拜神灵，或以处死的兽和人充当护卫，以保证建筑房屋时，另外一个世界的“生物”或者神灵不会前来捣乱。比如安门时，通常是埋葬持盾执戈的武装侍从，并让他们做跪状（这大概是跪状姿态的最早实物，对于研究中国古代的一些礼俗，具有重要意义）。

近年来，在宫殿区的西北，考古工作者发现了一条灰沟，这对我们了解商代晚期都城中的宫城防御设施具有重要的意义。这条灰沟南北长1100米，东西长650米，沟宽7～21米，深5～10米。这条灰沟环绕在宫城宗庙遗址的西、南两面，又在东、北两面与古老的洹河相通。由此推测，此沟当是人工挖成的防御性壕沟，其与洹河一起，共同形成围绕宫殿区的防卫设施。

殷墟遗址内，还发现平民和奴隶居住的房屋，它们主要分布在大司空村、高楼村、薛家庄和四盘磨等地。平民大概居住在简陋的地面式房基的房屋里；

奴隶则居住在半圆形或圆形的半地穴式的房屋里。

洹河北岸的侯家庄、西北岗、前小营和武官村之间有一片墓地，这是殷代王陵区。相继在这里发掘了13座大墓，其中带有4个墓道的大型墓8座，带有1个或2个墓道的中型墓有5座。大型墓内规模巨大，有的竟然达到1000多平方米，结构复杂，墓内出土精美的随葬品，还有大批殉人、殉牲与车马，附近还有大量的祭祀坑和少量的陪葬墓。中型墓葬仅次于大型墓，也出土大量精美的随葬品，以及众多的殉人、殉牲，反映了墓主人生前的社会地位极高。关于这13座大墓的主人，目前学术界还存在意见分歧：有人认为这是盘庚以后历代殷王的陵墓（盘庚迁殷后，殷朝的国君正好13位）；有人认为前面8座大墓的主人似是殷王，而后面的5座中型墓应是商王的配偶。

从战国魏都到曹魏首都

直到现在，在漳河流域还流传着一个动人的故事，即西门豹治邺。故事的情节大意是：战国时期，漳水不断泛滥，时时威胁当地居民的正常生活。地方的官绅与巫婆相勾结，谎称这是河神作祟。当地居民很害怕，便依了当地的乡绅和巫婆的建议，每年集资数百万钱，交与乡绅，让他们与巫婆合力，用这些钱来买取民间少女，为河伯“娶妇”，也即将两个少女投入河中。乡绅和巫婆仅将二三十万钱用于“河伯娶妇”的仪式，其他都入了私囊。自那以后，漳河流域的居民年年都勒紧腰带，向漳河的河伯“进贡”，而漳河之水还和往年一样，照旧泛滥不已。这件事情被新任邺城令西门豹知道后，大怒，将所有参与此事的巫婆统统投入漳河，而后带着漳河流域的居民兴修水利。从此，漳河之水不再泛滥。这个妇孺皆知的故事就发生在我们将要介绍的古邺城境内。

古邺城位于河北省临漳县西南20千米三台村及其以东地，南距河南安阳市约18千米。古城分为南北两座城址：邺北城大部都在现今漳河之北，北临故漳河；邺南城北临邺北城，其北城墙即邺北城的南城墙，邺南城的南门距今安阳县边界仅1.5千米。曹魏早期的都城邺城是指邺北城。

邺北城始建于春秋齐桓公时代，稍后，这座古城为魏国所有。魏文侯七年（公元前440年），魏国一度以此为都。魏国虽然以此为都的时间很短，但是总算是都城。因此，在计算邺城为都时，通常都是从战国魏时算起的。战国魏时的邺北城，资料太少，无法知道它的布局情况。

战国魏地处四战之地，最初很强大，是诸侯国中兵力最强大的国家。后来，相继受到齐、赵、韩、秦的打击，魏国衰弱。魏国衰弱后，邺北城的归属多次易手。最初，作为一份礼物，魏国将此城送给了赵国；稍后，赵国被秦国打败，赵国将邺城割给了秦国；秦亡后，邺北城隶于汉朝；东汉末年，诸侯崛起，邺北城先隶袁绍，后属曹操。曹操打败袁绍后，便将邺北城作为自己的国都。

曹操将邺北城作为曹魏的首都，与当时的政治经济形势紧密相关。首先，自公元190年之后，邺北城便成为当时冀、并、青、幽四州的政治中心，曹操击败袁绍后，领有此四州，自然要在这里建立首都。其次，曹操选定邺北城作为曹魏的首都，也与邺城所在的地理形势相关。这里处于黄河东部的中心，北向依太行，有滏口险关可以往山西；南向，面对黄淮海三个大平原，皆有大道可达南北。

曹操为了使邺北城成为一个都城，主要做了三方面的工作：其一，扩大以邺城为中心的王畿之地，使得邺北城所辖的县份达到了29个；其二，发展邺北城的水运交通，相继开通了白沟、平虏、泉州、新河诸运河，使得邺城的水运大大加强，向北可达河北平原，向南可由黄河抵达江淮，这里成为黄河大平原上的水运交通的枢纽；其三，兴修水利，大力发展农业生产，使得邺北城所在地区成为当时黄河中下游地区经济最为发达的地区。

曹操经营的邺北城，在左思的《魏都赋》以及张载的注中有较多的反映。另外，《水经·浊漳水注》对这座古城也有记载。邺北城的考古调查和发掘，始肇于20世纪的40年代。经过50多年的努力，考古学者们大体搞清了曹魏邺北城的布局。

根据文献记载，曹魏时期的邺北城，东西长达3500米，南北宽约2500米，如果以旧里计算，曹魏时期的邺北城面积达到了8平方千米。众所周知，古代计算长度的单位里比现在计算长度的单位市里要小一些。扣除古代里数与现代里数的差距，近些年来考古工作所测得的数据，大体与文献所载吻合。邺北城平面呈长方形，正南正北方向；城垣夯筑，东西长约2400米，南北宽约1700米。邺北城的城垣，墙基部分宽15~18米。

曹魏的邺北城共有7座城门。南面3座城门，它们是正中的中阳门，偏东的广阳门，偏西的凤阳门；北面有2座城门，它们是东边的广德门，西边的厩门；曹魏的邺北城东城垣和西城垣上各有1座城门，东城垣开建春门，西城垣开金明门。

邺北城内有一条东西向大道，大道全长2100米，宽13米。这条大道位于邺北城的中部，其东通建春门，西达金明门，将邺北城分割为南北两部分。被东西向大道分割后的邺北城北部为官署区，南部为里坊区。城市的布局，对后来中原的许多都城的布局都产生了重要影响。

官署区被几组城垣进一步地分割为正中的宫殿区、偏西的囿苑区（铜雀园）、偏东的官署区三部分。用城垣将官署区再次分割为东、中、西三部分，这在中国古代都城建筑史上也有重要意义。在此之前没有这么划分过（比如秦咸阳城、西汉长安城、东汉洛阳城）；在这之后，大体沿用了这种制度（比如唐长安城、唐洛阳城）。

里坊区内有东、中、西三条南北向的主干道。偏东的主干道由邺北城南面的广阳门出发，经过城南部的里坊区，径直与城中部的东西向大道相接，相接之处形成一个“T”字形的街道口，街口北面是官署区；偏两的主干道由邺北城南面的风阳门出发，向北，也是穿过城南部的里坊区（目前正在钻探过程中），径直与城中部的东西向大道相接，同样形成一个“T”字形的街道口，街口北面是囿苑区；正中的主干道由邺北城的城南正中永阳门（中阳门）出发，经过城南部的里坊区，直接通往城中部的东西向大道，也在宫城之南，与东西向大道相交。正中的主干道全长730米，宽17米。就全城布局而论，邺北城内有1条南北向的中轴线。中轴线的南段与正中的主干道完全重合，北段越过东西向的大道，继续向北延伸，经过宫城南面的止车门、端门，而终于宫廷的正殿文昌殿前。都城南部以3条南北向的主干道为经线，将都城南部划分为若干个区块，这种平面布局对后世也是有影响的。东魏和北齐在这种布局的影响下，加以发展，再加上东西向的若干条街道，从而形成了都城南部棋盘式的里坊。在曹魏形成的，再经北齐发展的街道布局方式对后世的唐代都城布局产生着直接的影响。至于居中大道与全城中轴线相重叠，则对后世影响更大，直到明清时期的北京城还能清晰地看到这种影响。

邺北城宫殿区的正殿是文昌殿，这是大朝所在，建筑相当的豪华雄伟。文昌殿东侧有听政殿，这是内朝所在，国家日常事务都在这里处理，这里是国家政权的中枢。文昌殿的前面，左右对称，分别建有钟楼和鼓楼、东止车门和西止车门、长春门和延秋门。宫殿区内还有一些建筑，如升贤门、崇礼门、顺德门等。

邺北城宫殿区以西的铜雀园是皇家囿苑，园内筑有世界闻名的铜雀（中）、金虎（南）、冰井（北）三台。铜雀台又名铜爵台，位于金虎台之北，

台基夯筑，现仅存东南部分。金虎台的夯土台基保存较好，其北距铜雀台83米，与文献所载大体吻合。据文献记载，铜雀台高10丈，建房101间；金虎台高约8丈，建房109间；冰井台高8丈，有屋145间，还有冰室，室内有数口深井，井深15丈，藏冰以及煤炭，另有贮藏粮食和盐的窖穴。三台彼此之间有浮桥相连，浮桥可撤可接。将浮桥联在一起，则三台成为一组相通的建筑；如果将浮桥卸去，则三台各自独立，形成单个的防御设施。三台建筑相当壮丽，是曹魏邺北城的重要景观之一，另外还具有很重要的军事意义。

除了三台之外，铜雀园内还有鱼池、兰渚、石濑等景。在三台之西，还有武库、马厩和粮仓等。继汉代之后，曹魏时期也广修园苑。除了上文所提到的皇家囿苑——铜雀园之外，曹魏政权还在邺北城附近建有一些囿苑，如城西有玄武苑和灵芝园，城东有芳林园等。这些园苑都是曹魏贵族宴游作乐的场所。特别值得一提的是玄武苑。玄武苑建于建安十三年（208年），内修玄武池。玄武池凿引漳水而成，原是训练水军的，后来改为风景区。苑内有

铜雀台

鱼梁、钓台等建筑，还有竹林、葡萄园等景点。

邺北城宫殿区的东部是官署区。官署区的平面布局是这样的：正中为听政殿，这是内朝所在，是曹操处理政务的地方。据文献记载，听政殿建筑朴实无华，柱栋没有雕刻，殿内没有悬锦。听政殿前有一条南北向的官道。官道起于听政殿前，由北向南依次坐落着听政门、升贤门、宣明门、显阳门和司马门（官署区正门）。官署区的中部还有一条东西向的官道。在总的布局上，它先与全城东西向的大道平行，其次又向西伸延，与宫殿区里的一条东西向官道相通。在这条官道上，居中是司马门，西面为西掖门，东面为东掖门。曹魏政权的官署主要分布在东西向官道之南，文献记载有相国府、御史大夫府、常奉寺等。官署区的北面，也即听政殿的北面是后宫掖庭所在。

邺北城内主要分布着市、里坊和官邸客馆。文献记载的考古工作做得不多，所知情况甚少。文献记载，城南里坊区里设有三市，分别名大市、朝市和夕市，这是从事商业贸易的场所，各种货物都可以来此买卖。三市每日清晨开门，过午时就关门。关于曹魏邺北城商业贸易繁荣的情况，左思《三都赋》有记载，他说：城里面有三个规模很大的市场，市场里面很热闹，来往客官所乘车辆，几乎车轴可以碰着车轴；市场里卖什么的都有，如真定产的梨、故安产的栗、中山酿制的酒、淇水和洹水流域产的竹笋、信都产的枣、雍丘产的小米、清流产的大米、襄邑生产的彩锦、朝歌生产的丝绸等。

邺北城里的里坊分布，目前考古工作有限，布局还不清楚。据零星的文献记载，目前仅知有 5 个里，它们是长寿里、吉阳里、永平里、思忠里和戚里。戚里，顾名思义，就是皇亲贵族的住宅区，位于东西向大道的北端、官署区的东北部。其他 4 个里的大致方位，似在官署区的东南侧和东西向大道的南部（目前存在几种不同的意见）。

曹魏时期，中西交通较为频繁，许多中亚的使团都通过河西走廊来到邺城。除了西方的使团之外，曹魏政权还和周边的少数民族政权比如匈奴（残部）、乌桓、鲜卑、西羌等有频繁的交往。除此之外，曹魏还和东吴与蜀汉两个割据政权有交往。为了安置各地使团，在邺北城中，曹魏专门设置了具有外事功能的官邸客馆。这是后来四夷馆的前身，其具体方位还在研究当中。

曹魏时代的邺北城是当时黄河流域的文化中心。曹操父子三人都是文学大家，有很多不朽的作品。在他们的创导下，四方人才荟萃邺都，如孔融、王粲、陈琳、徐干、阮瑀、刘桢等，都在邺城生活和任职。所有这些人，经常在一起切磋文学，评论艺术，从而形成了一个邺下文人集团。邺下文人集

曹操

团的每个名人，或因经历禀性不同，有着自己的诗文风格，但是他们关心政治，文风朴实，笔调凝重，总体风格都是一样的，因而后世将此时生活在邺城的文人所作的诗文称之为建安文学。建安文学留传下来大量传世名作，在我国文学史上占有重要地位。

曹魏时代邺北城的规制和布局，在我国古代都城史上有着划时代的意义：其一，城内出现了中轴线，以及以中轴线为标尺，重大建筑左右对称分布，这种布局对后代都城的规制有很大的影响，比如北魏的洛阳城、隋朝的大兴城、唐朝的长安城、明清的北京城等，在布局方面都受到了曹魏邺北城的影响。其二，曹魏邺北城将宫城与民居截然分开，横以东西向的大街，这彻底改变了汉长安城、汉洛阳城与里坊混杂相处的布局，反映了当时阶级对立的加剧和封建等级意识的加强。其三，曹魏邺北城宫殿官署和贵戚所居，都集中在北部，改变了“面朝后市”的传统，其意义也是很大的，自此以后，一直到宋代以前，几乎所有的中原都城都接受了这种布局方式。其四，曹魏时期的邺北城，地处平原地带，无险可守，因筑三台，以达到象征政治威势和军事堡垒的双重作用，这种建筑布局对后来都邺的后赵、前燕、东魏、北齐都产生过影响（加修三台），并影响到北魏的洛阳的布局（筑金镛城）。其五，有人据文献记载，将邺城南部的里坊区复原为棋盘格式（参见邹逸麟《安阳》，收于陈桥驿《中国七大古都》），目前还没有得到考古学上的印证。

十六国时期的三朝故都

220 年，一代枭雄曹操去世，他的嫡长子曹丕继位，是为魏文帝。魏文帝继位时，魏国已经打败了马超和韩遂，并使羌人接受中原的领导，秦、雍二

州并入曹魏政权。曹魏政权西拓疆域成功，就使得自己原先的首都邺北城显得过于偏东了。为了适应新的疆域，魏文帝决定将都城从邺北城迁往洛阳。正都迁走之后，邺北城遂成为曹魏的四个副都之一（其他三个副都是长安、许、谯），并为魏郡治所。

265年，司马氏废去了曹魏最后一个皇帝曹奂，在洛阳建立了西晋政权。西晋政权担心邺城是曹魏政权的老巢，于是废去了它的陪都地位。此后，或是县治，或是郡治，有晋一朝，邺北城成为一般城市。

邺城重新受到重视，是在西晋末年。西晋末年，各大政治势力钩心斗角，互相争夺权力，最终酿成八王之乱。在八王之乱中，原封成都王的司马颖占据了邺北城。司马颖自任丞相，在邺北城开府理事，邺北城地位重新受到重视，开始成为西晋末年的政治权力中心。

在成都王司马颖据有邺城的那段岁月里，许多重要的战役都发生在这里。比如304年，司马颖与司马越争夺对西晋的领导权，司马越不服司马颖，兴兵攻打邺北城，在邺北城下，司马颖打败了司马越，俘虏了被司马越挟持的晋惠帝，并将晋惠帝囚禁于邺城达一月之久。同年，西晋权臣王浚统兵征讨司马颖，攻入邺北城，将司马颖杀死在城内。由于全国都很重视邺北城，遂使邺北城成为兵家必争之地。307年，从西晋王朝独立出去的前赵政权，派遣大将汲桑、石虎进攻邺城。城破后，前赵的兵马在城内大肆掠夺，最后焚烧了邺北城，地面建筑皆成为灰烬。

前赵是一个很不稳定的政权，很快发生内讧。前赵的大将石勒，从前赵分离出来，组建了后赵，并拥有邺北城。后赵最初将国都定在襄国（今河北邢台），拥有邺北城后，便下令重新经营邺城，并于334年将国都从邢台迁往邺城，而以原先的国都襄国为陪都。自那以后，后赵、冉魏、前燕三个短命的王朝，都以邺北城作为自己的首都。

在邺北城里，关于后赵、冉魏、前燕三朝时期的遗迹，目前没有什么重大的考古发现。关于三朝对邺北城的经营，主要依靠文献进行复原。三朝经营邺北城，主要是在后赵的石虎时期，后赵的其余皇帝以及冉魏和前燕，只是利用后赵石虎时的建筑。

后赵石虎对邺北城的营建，大体可以分为四部分。其一，在曹操文昌殿的旧基上，石虎重建了太武殿。太武殿为朝会正殿，是后赵布政之所。文献记载，太武殿东西广75步，南北宽65步，用漆漆瓦，以银为楹，以金饰柱，用珠为帘，以玉作壁，相当豪华。由石虎在曹魏文昌殿旧址上营建后赵的太

武殿这一点推测，后赵时宫殿区的中心还在曹魏时的原址上。

其二，石虎以原有的建筑为基础，修缮和扩建了一些建筑。例如，石虎时，曹魏原先的铜雀台已经被焚毁了，石虎认为铜雀台无论在景观方面，还是在防御方面都还有着积极的作用，于是就利用旧基，增筑了铜雀台。原先的铜雀台高达10丈，石虎重修铜雀台，使其高度增加到了12丈；铜雀台上原有的101间房屋已经被焚毁，石虎便撤去房址，在铜雀台上筑起一座五层的楼阁，高达15丈；为了使铜雀台显得更加巍峨，石虎又在五重屋的楼阁上增铸铜雀，高1.5丈。石虎时的铜雀台总高度达到了28.5丈。《邺中记》的作者说：经过石虎重修的铜雀台，比曹魏时的铜雀台更加高耸，装饰也更加华丽。另外，在石虎时期，还重筑和增筑了金虎台和冰井台。文献都记载，三朝时期的三台是在曹魏三台的旧址上重建的。

其三，在邺北城的外围修建园林和苑垣。文献记载，曹操经营邺北城时，曾经在城外修建过园林，比如城西修有玄武苑和灵芝园，城东修有芳林园等，然而事过境迁，昔日的园林在西晋时期已经被焚毁，面目全非。石虎执政后，为了满足自己的奢侈生活，便在邺北城的外围大肆修建园林。文献记载，他在邺北城的城东二里之外，修建了华林园，并修苑垣数十里；他在邺北城西三里修建桑梓园，苑内兴建临漳宫，苑外修筑苑垣；又在城北筑长墙，广长数十里，起三观，修四门，三门使通漳水，皆为铁扇。以往人们总是指责石虎在城北、城东、城西擅起宫苑，并大肆筑建苑垣，这是浪费财力。然而，从都城的防御角度理解，邺北城三面外围重起城垣，实际上是在邺北城外围增修了一重外郭城。

其四，在宫殿区和铜雀园内修筑了新的宫观楼阁，共40余处。比如，在正殿太武殿的东西两侧，筑起东西二宫，以为寝宫便殿。就都城的布局而论，石虎在太武殿东、西两侧增修东、西二宫，是一种新的布局思想。在此之前，寝殿都是位于宫殿区的东北角，而不在宫殿区，石虎将寝殿移至宫殿区，是对前代宫殿布局的改进，同时对后世也有影响。比如唐长安城、唐洛阳城，以及明清北京城，寝殿就不再在宫殿区的东北角或者西北角，而是与宫殿区在同一个区里。

另外，文献还记载，石虎在宫殿区内，还修筑琨华宫、晖华殿、金华殿、御龙观、宣武观、东明观、凌霄观、如意观、披云楼、灵风台、逍遥楼等，在铜雀园内修筑九华宫等。遗憾的是，到目前为止，以上诸台、诸楼、诸观和诸殿具体在什么位置，我们都不是特别清楚。为了使得新建的城垣、楼观、

台阁更为壮观，石虎在城垣的内外两侧包砌了石砖，门楼都加筑雉台观榭，还动用民工从洛阳迁来九龙、仲翁、铜驼、飞廉等。

文献记载，十六国时期的邺北城，南部还是分布着里坊区，里坊区内有棋盘格式的里和三个市。除此之外，据文献记载，石氏父子还崇信佛教，南部里坊区里还有寺院建筑。文献记载通常与考古发掘有一定的距离。近些年来，文献所记载的、属于这些范畴的古代遗迹，考古发掘到的不多，其具体面貌如何，还有待于今后进一步做工作。

由于为都时间还是比较短，加之考古工作做得不是十分充分，可以反映和代表这个时期文化面貌的遗物自然也就比较少。值得一提的是，在邺北城内发现了为数不少的瓦当、筒瓦和板瓦，是属于后赵的。后赵的板瓦和筒瓦多为青灰色，质地较为粗糙。筒瓦面饰绳纹，里饰布纹。瓦当有“大赵万岁”“富贵万岁”等字样。

通过文献记载，可以清楚地看到，石虎经营邺北城有几个鲜明的特点：其一，对于曹魏时代的邺北城，石虎没有在布局方面做根本性的变动，还是利用原先的城垣，还是利用原有的建筑基址，还是利用原有的中轴线，还是强调中轴线附近的左右对称的布局，还是维持宫城区坐北朝南的布局特点；其二，石虎经营邺北城，突出了防御意识，比如以修苑墙为名，在城垣外侧再加修一重苑墙，再如增筑三台，使其较之曹魏时更加高大宏伟等；其三，石虎在建筑方面，滥用民脂民膏，强烈地突出了豪华奢侈的特点。

后赵都邺城14年，亡；冉魏都邺2年，亡；前燕都邺13年，又亡。三个短命的王朝以邺城为都前后29年。如果加上在此之前司马颖对邺北城的经营，从西晋末年到十六国时期，邺城为全国政治中心前后共约35年。

东魏、北齐的都城——邺南城

370年，前燕被前秦灭亡，邺城再次失去了都城的地位。398年，北魏攻克了邺城，将邺城作为相州的治所。相州是在魏郡的基础上发展而来的，其名称的来历是这样：北魏人相信，这里是当年商代名王的都城相，故以为名。

6世纪中叶，以洛阳为都的北魏出现了两个权臣：一个名叫宇文泰，他的政治势力在西安；一个名叫高欢，他的政治势力在邺城。两个权臣居心叵测，都想控制北魏的政权，于是各树私党，拉起帮派，营谋自治。由于两个权臣

将北魏的权力都瓜分了，所以当时居住在北魏首都洛阳的孝武帝就没有了实权。

534年，高欢对邺城有所经营，控制了邺城，便想将北魏的首都由洛阳迁往邺城，以实现他的挟天子以令诸侯的阴谋。他派遣了一个使节去洛阳，向孝武帝建议：自建国以来，洛阳城总是缺粮，需要各地漕运粮草，漕粮都是经过邺城周转，先从东方运粮到邺城，再由邺城转到洛阳，不但费工时，而且不安全，不如将首都由洛阳迁往邺城。

北魏皇帝接待了高欢的使节，耐心地听了高欢使节关于迁都的理由。孝武帝虽然手里没有实权，但是却有一定的政治经验。他看出了高欢的野心：高欢借口粮草运输不太方便，想将都城迁往邺城，其真实目的是想通过迁都把自己控制在他手里。孝武帝在洛阳手中虽然无权，但毕竟还是一个名义上的皇帝，如果迁都至邺城，他将要仰高欢的鼻息生活，这使他感到非常害怕。孝武帝不想迁都，但又不敢直言拒绝高欢。他怕高欢不再给自己提供漕粮，并派遣部队来攻打自己。孝武帝思考半天，便以相当婉转的语言谢绝了高欢的请求，表示不愿意迁都。

孝武帝不肯迁都，高欢挟天子以令诸侯的阴谋便实行不了。高欢恼羞成怒，就下令所辖部队，将原先要押往洛阳的漕运船只都给扣下了，然后将所有这些漕粮运往邺城，当作自己在邺城建都的资本。与此同时，高欢派出一支部队，出邺城，直逼洛阳，向孝武帝询问：为何不迁都邺城？洛阳乏食，高欢又大兵压境，北魏孝武帝无法在洛阳继续待下去，于是便向西逃到了镇守西安的宇文泰那里，并通过宇文泰向世人表示：剥夺高欢在北魏政府内的所有权力。

孝武帝逃往西安，对高欢非常不利。他的挟天子以令诸侯的目的非但没有达到，反而在客观上给对手造成了挟天子以令诸侯的政治态势。为了取得政治上的主动，就在孝武帝宣布不承认高欢的政治地位之后不久，高欢就兴兵进入洛阳城，在那里组织起一班老臣，通过了一系列“法令”，宣布孝武帝不再是北魏的合法皇帝。高欢在洛阳另立一个肯听话的人当皇帝，号孝静帝。孝静帝在洛阳没住几天，便被高欢接到邺城去了。至此，北魏出现了两个政权：一个皇帝在宇文泰控制之下，寓居西安，称北魏孝武帝，史称西魏政权；一个皇帝在高欢控制之下，寓居邺城，称北魏孝静帝，史称东魏政权。北魏分裂为东魏、西魏两个政权。从此，高欢所控制的邺城就成为东魏、北齐的首都。

首都要有首都的规模，首都要有首都的气派。高欢将邺城变为东魏的首

都之后，便想扩充邺城的人口和改造邺城的布局，以便与都城的地位相适应。我国古代一向以人口的多寡来衡量国势的大小，因而新成立的东魏政权，急需扩大和充实邺城的人口。为了达到迅速增长人口的目的，高欢便将东魏的部队开到洛阳去，强迫洛阳城内的40万户居民在三日内上道，迁往邺城。

自齐桓公开始，到北齐为止，邺北城经过1200多年的建设，人口已经相当稠密了。在人口这么稠密的城市里营建新都，无疑会给施工带来很大难度。为了避开人口稠密的邺北城，高欢决定在邺北城之南重新营建新都。由于新邺城位于老邺城之南，故称邺南城。邺南城始建于535年，539年初具规模，并投入使用。

邺南城位于现今漳河的南岸，据勘探，平面呈长方形，东西南三面皆筑新城垣，而北垣利用了邺北城的南垣。城垣东西宽2800米，南北长约3460米。城的东南角与西北角均为圆角，东西南三面城垣的外侧都有加强防御的马面。在城垣外围，距离城垣有一定的距离，还挖有护城壕沟。

文献记载，邺南城共有14座城门。南面3座城门由西向东，依次为厚载门、朱明门和启夏门。北面3座城门由西向东，依次是凤阳门、永阳门和广阳门。西面4座城门由南而北，依次为上秋门、西华门、乾门和纳义门。东面4座城门由南而北，依次为仁寿门、中阳门、上春门和昭德门。需要指出的是：邺南城的北面三门，不但完全是利用邺北城南垣上的3座城门，而且完全将3座城门的名称也继承下来了。

在街道的平面布局方面，邺南城继承了邺北城和汉魏洛阳城的一些特点，并有所发展。文献记载，除了宫城内的街道之外，整个邺南城内共有9条笔直的大道，其中东西向的大道有4条，南北向的大道有5条，分别通往各个城门（正门永阳门除外）。9条大道中，纳义门经过止车门前通往昭德门的东西向大道、朱明门通往止车门的大道最为宽阔，乃是邺南城中最宽阔的道路，也是邺南城的中轴大道。

南门正中的朱明门为整个邺南城的正门，共有3个门道。中间门道最宽，两边门道稍窄些。诸门道之间有隔梁，宽约6米，进深20.3米。朱明门的城门有门墩，宽84米；门墩两侧分别有向南延伸的城垣，城垣长达33米；两墙尽头各有一座方形的台基，它是双阙的基址。城门两侧设外突的巨大双阙，文献有所记载，但经过系统发掘的遗址，尚不多见。这种形制与后来的唐洛阳城正门应天门的形制有些相似（目前只发掘了其中的一半），或有某些联系。

邺南城的北部中央是宫城。据文献记载，宫城前为止车门，门内有宫殿

区的正门端门，端门之北为阊阖门，门内为太极殿。太极殿为正殿，是举行国家大典及朝会的场所，等同于曹魏的文昌殿和后赵的太武殿。阊阖门前有东西向的大道，东通宫城的东门云龙门，西通宫城的西门神虎门。

太极殿后为朱华门，门内为昭阳殿。昭阳殿为皇帝接见后妃及宴集之所。昭阳殿有东西二阁，东阁有含光殿，西阁有凉风殿，其间有长廊相连，香草珍木，布满庭院。昭阳殿后有永巷，巷北为五楼门，门内为后宫掖廷。

邺南城的宫城布局大体沿袭了曹魏邺北城的布局，唯在昭阳殿后增加左右二阁和含光、凉风二殿，且以长廊相连，与曹魏所建之殿不同。这种布局与后来唐长安城的含元殿的布局颇有近似之处，或有某些承系方面的联系。另外，邺南城的宫城东、西、北三面皆有城垣，与曹魏所建宫城稍有不同，并对日后许多都城的宫城布局有一定的影响。实地勘探表明，宫城里的建筑目前已经发现 10 余处，多为北齐时所建。

邺南城的南部为官署区和里坊区。官署区位于止车门偏南的里坊内、朱明门大道的东西两侧。根据文献记载，可知的官署有大司马府、御史台、尚书省卿寺、司州牧廨、清都郡、京畿府等。目前由于钻探有限，还不清楚官署的具体布局。官署区位于宫城之南、里坊区偏北，全城东西向大道的南北两侧，这种布局与曹魏时期邺北城官署区的布局略有不同，而更接近于唐长安城和洛阳城。在曹魏时期，官署区多在宫殿区偏东方向，与宫殿区同在东西向主大道之北，此时官署布局南移，为日后唐、明诸都城官衙区的位置确定开了先河。

官署区的南面、东面和西面，都是士农工商居住的里坊。目前位置稍可考定的里坊共有 19 个，它们是永康、允忠、敷教、修正、清风、中坛、修义、信义、德游、东明、嵩宁、征海、宣平行等 13 里，土台、义井、元予思、天宫、东夏、石桥等 6 坊。将里坊由东西向大道之南发展到环卫在官署区的三面，这与邺北城的布局又有不同，而与唐长安城的布局有些接近。

与曹魏邺北城南部里坊区内有三市不同，在邺南城中，文献记载只有东西二市。东西二市的地望目前还不明确，据勘探，由南向北的第二条大街（西华门通往中阳门）的西门门道宽于其他各门，疑东西二市就在这条大道之上。如是，则可以说邺南城东、西二市位于里坊区居中位置，与后来唐长安城、洛阳城东西二市居于里坊区偏北位置是不太相同的。

文献记载邺南城还修筑有离宫多处。城西南漳水之南有北齐修建的游豫园，周 12 里；城南有齐后主纬修建的清风园，为御家菜园；城南有齐武成帝

所修的华林园，园中还修了玄洲苑、仙都苑。东晋时期，后赵石氏多在邺北城的城东、城西、城北修建园苑，而至东魏、北齐时却将修苑的注意力放在了城南方向，也算是此时城市建筑布局方面的一个特点吧。

邺南城使用期间，邺北城并没有废弃，而被称为北宫或者北第，东魏或者北齐的政府还经常在这里处理政务。据文献记载，东魏、北齐时，在北第兴建过太子宫、东斋、柏堂等建筑；对曹魏兴建，后赵、冉魏、前燕三个王朝重修的三台再度进行加修，从而使得三台变得更加宏伟和壮观。

南北朝时期的邺南城遗物，与十六国时的邺城遗物，还是比较好区别的。以出土的板瓦、筒瓦为例，南北朝时的瓦多为黑色或黑灰色，质地细密、坚硬厚重，表面光滑，里面饰布纹，常有文字戳记。十六国时期的此类遗物显得粗糙。南北朝时期的瓦当多为莲花纹。另外，考古学者近年来在朱明门前的护城壕中相继发现了一些南北朝时期的甲胄遗物，目前正在修复中。这是一批相当珍贵的文物，对了解南北朝时期的胄甲制度有重要参考价值。

东魏、北齐时的邺南城，建筑前经过精心设计和严密规划，并参考了曹魏和十六国时期的邺北城的平面布局，以及汉魏洛阳城的平面布局，故而城内的布局更趋于合理，平面规划也更加整齐。据文献记载，主持审定规划平面图的是通直散骑常侍李兴业。

邺南城辉煌了 50 余年。北周建德六年（577 年），北周攻下了邺南城，北齐亡，邺南城失去了都城的地位，重新降为相州州治。580 年，北周权臣杨坚心有异志，想背叛北周而自立，相州总管尉迟迥对杨坚这种行为不满意，起兵讨伐杨坚，不果。杨坚兴起大军，强行进攻相州城，尉迟迥兵败，隋军攻克了邺南城。当时，杨坚正在谋求篡位，担心 4 年前还是都城的邺南城会成为自己政敌的据点，于是就在攻克邺南城之时，下了一道极为严酷的命令：将邺南城里的所有居民都强行迁往安阳，不得在邺城境内留居；烧毁邺城境内所有宫殿建筑和民居，使人们再也无法返回邺南城。千年古都，因为一道政令便被废弃了，这就重演了与 2000 多年前殷墟一模一样的悲剧，故有文献称其为邺墟。

由于邺城是人为因素被焚毁的，所以经常引起人们的同情和怀念。孟郊《早发邺北经古城》一诗中不但浸渗有缅怀，而且有同情。当然，通过这首诗也可看到：唐时的邺城已经不是城市了，而成为农田，根本不见昔日都城的迹象了。孟郊诗曰："微月东南明，双牛耕古城。但耕古城地，不知古城名。当昔置此城，岂料今日耕。蔓草已离披，狐兔何纵横。"

第九章

消失的古都

边疆民族地区的都城，与中原都城相比，大多规模较小，由于相对独立的地理环境和各自的文化传统，这些都城表现出五彩缤纷的布局风格。

分布于中国西北、西南边陲的众多民族政权，往往作为古代中国与西方世界交流的纽带，它们的国都也带上了中西文化交融的色彩。尽管汉文化在这些城市的某些方面留下了深深的烙印，但从它们遗留的废墟上，更令人惊叹的是那些富有异域风情的遗存。位于今天中国北部和东北部的民族政权，毫无疑问处于中原文化的辐射圈内。鲜卑、党项、契丹、女真与蒙古人，这些马背上的民族与中原汉族发生过多次较量，不仅夺去汉族政权的国土，甚至危及其存亡。在长期的民族融合过程中，他们从游牧走向定居，其国都的布局很大程度上受到汉族政权尤其是统一的中原王朝都城的影响。

第一节 荒原古国——古格王国

在遥远的西藏西部，有一个叫阿里的地方。这里平均海拔高度4500米，素有“世界屋脊的屋脊”之称。举世闻名的喜马拉雅山和冈底斯山横亘其间，逶迤千里。冈底斯山脉主峰，海拔6600多米的冈仁波齐，藏语意为“雪山之宝”，它金字塔般卓然屹立于群峰之中，是藏传佛教、苯教、印度教和印度耆那教的圣山。发源于冈底斯山西北的象泉河由东南向西北穿过阿里地区，在这片荒凉偏僻的高原上哺育出灿烂的人类文明。1000多年前在阿里高原突然出现，又于300多年前神秘消失的古格王国故都遗址，正是群星璀璨的西藏西部文化中一颗耀眼的明星。

古格王国遗址

 西藏西部文化中的耀眼明珠

阿里人类活动的历史可以追溯到旧石器时代晚期。在7世纪以前，地处西藏高原上的强大的部落联盟创造了阿里地区的土著文化，即象雄文明。在7世纪，象雄被吐蕃兼并，自此之后，走向了灭亡。8世纪中叶，以赞普达玛遇刺为标志，吐蕃王朝开始走向分裂，从此西藏地区进入一个群雄割据、战乱四起的时代。在10世纪，王室嫡系后裔吉德尼玛衮在战乱中逃到阿里，安居在神山圣湖之间的象雄布让上王扎西赞接纳了落难的王子，并将女儿嫁给他，

让他继承家国。果然，吉德尼玛衮不负众望，通过自身的努力，逐渐统一了西藏西部地区。后来，他把三个儿子分封三处，建立了三个小王国，其被称为“阿里三围”。其中幼子德祖衮占据古象雄旧地，通过不断努力，创建了著名的古格王国。

16 世纪以来，人类的足迹涉及了世界的各个角落。然而，作为地球表面最高陆地的青藏高原，因其恶劣的气候，使人类望而却步。20 世纪初，一些热衷于东方文化的西方探险家开始到西藏活动。这些人的到来将地处于高原腹地的古格王国都城遗址从沉寂中苏醒过来。古格王国故都遗址以完备的防御系统、保存良好的宗教建筑及构图精美的壁画令世界瞩目。

知识链接

干尸洞——古格帝国的最后遗迹

在古格都城遗址北面 600 多米远的一处断崖上，有一个著名的“干尸洞”。据说这是古格王国灭亡后留下的最后遗迹。洞窟开凿在距地表近 3 米高的山沟崖壁上，洞口很小，宽 0.8 米，高仅 1.2 米。

关于干尸洞内的尸体，据说是古格与拉达克争战时，古格国王不忍眼看着自己的百姓受累，于是与拉达克人达成城下之盟：同意投降，但不得伤害百姓！当古格国王和战士们放下武器之后，背信弃义的拉达克人却将他们全部押解至干尸洞前处以极刑，抛尸于洞内，并把所有被俘的古格子民掠往拉达克，将古格残酷灭国。

这确是一个动人的故事，但干尸洞内发现的年轻女性的尸体，从考古学与民俗学的角度分析，似乎这又是一种有一定仪礼的葬式。究竟这些尸体是古格王国时期的，还是古格王国以后的？他们的身份是贵族、战士，还是一般的平民？这种集体置尸于洞内的丛葬，是当时的一种特殊的葬式，还是一种惩罚性的手段？这都是古格王国的不解之谜。

失落的古格都城

谁会想到直入苍穹的世界第三极，荒凉偏僻的西藏高原的最西端阿里地区曾经存在着一个国家——古格王国。

古格王国遗址所在的札达县西、南两面与印度交界，西北端与克什米尔的印度实际控制区毗邻。由于干旱少雨，植被全为高寒荒漠类。今天的札达县面积有 27054 平方千米，却只有不到 5000 人。

古格王国的都城遗址位于现在札达县城西 18 千米的朗钦藏布南岸。古格王朝在公元 10 世纪中叶至 17 世纪初存在于西藏西部。关于古格王国，藏文历史文献仅仅有一些简略的前段古格王统世系，汉文史籍则完全失载。据载，古格王国的王系是吐蕃王朝赞普（王）的嫡系后裔。

阿里古称象雄，公元 895 年，吐蕃王朝赞普的一个儿子吉德尼玛衮在争夺王位的斗争中失败，逃到了阿里，在此建立了政权，修建了红堡、孜托加日宫堡等。其幼子德祖衮受其父分封，在象雄建立了古格王国。1630 年，古格王国与拉达克王国的一场战争使这个国家被毁灭。此后，阿里地区被五世达赖的军队占领。古格王朝末期，一些西方传教士，如葡萄牙人安东里奥·德·安德拉德等人曾来此传教。1912 年，英国人麦克沃斯·杨曾考察该古城废墟。1979 年以后，考古工作者对此进行了全面勘察、测量。

古格都城遗址东西约 600 米，南北约 1200 米，总面积约 72 万平方米，地势基本上南高北低。遗址区内地形复杂，有土山、梁峁、沟壑、缓坡，区内高差从那布沟底至顶部达 175 米。建筑遗迹主要分布在朗钦藏布南岸二层台地上一座突出的土山上。经考察测量，共发现房屋遗迹 445 座，窑洞 879 孔，碉堡 58 座，暗道 4 条，各类佛塔 28 座，洞葬 1 处，武器库 1 座，大小粮仓 11 座，供佛洞窟 4 座，壁葬、木棺土葬各 1 处。同时，发现大批生产、生活用具、兵器和佛教艺术品。

建筑遗存主要分布在遗址西南部主体土山的东、北两侧山腰和山顶台地上。遗址内的建筑大多受到不同程度的破坏，保存较好的只有 5 座佛教殿堂，柱子、梁架、屋顶等基本完好，其余的王宫、议事厅、民居、僧舍、仓库、碉堡等均成残垣断壁。

佛教建筑包括佛殿、经堂、塔、供佛洞、玛尼墙等。这类建筑在整个故城的建筑遗迹中占有相当大的比例。其中有些建筑保存了大量壁画、天花板

彩绘图案和木雕、泥塑等佛教艺术品。

拉康嘎波（白殿）殿堂为土木结构平顶藏式建筑，平面呈“凸”字形，面阔7间，进深8间，面积377平方米，殿内净高5.9米。殿外壁遍涂白色，殿内天花板均施彩绘。殿内原有塑像23尊，现残存11躯。此外，还有红殿，殿堂外表均涂以红色，也是一组以佛教寺庙殿堂为主体的建筑群。

古格域址的土山顶部是王宫所在地，四周边缘为悬崖峭壁，除南端是人工有意挖断了唯一与南面山峦很窄的一条连接处外，其余两面均为自然形成的断崖，只有通过两条陡峭的暗道，才能上至山顶宫城。四周边沿处用土坯砌筑城墙保护。宫城内，南组建筑是王宫建筑，中组建筑群为宗教建筑及处理宗教事务的机构、人员住地，北组建筑群则为与安全防卫、军事有关的机构、设施及人员住地。一般民居分布在山腰部位。

碉堡和防卫墙构成三道防线，其中，第二道防线主要布置在故城东北部和东区建筑密集区的外围，碉堡和防伪墙临崖而建；第三道防线即山顶王宫区周围的防卫墙。城内有道路和暗道相连通。

以上所举都城只是代表性的几处古代中国边陲都城遗址，但举一可反三。总体看来，由于这些政权的经济力量较弱，文化水平相对落后，文化传统沉淀不厚，使这些都城在规模上一般均小于中原王城的都城，缺乏鸿篇巨制的气势。一方面，这些都城大都受到中原王朝文化的影响，布局结构、各种建筑物的设计建造往往仿自中原都城。都城内的文化遗物中也往往能看到中原文化的影响。另一方面，由于各个政权所处地理环境的差异，文化传统的不同，也各有自己的特色，往往是因地制宜，如交河故城的“减地法”建筑，古格都城的因山就势，等等。

知识链接

古格银眼

传说古格王国时期这个地方素以精于冶炼与金银器制造而闻名，当年阿里三围以托林寺为主寺的下属24座寺院的金属佛像与法器，都由鲁巴铸

造。据说鲁巴铸造的佛像用金、银、铜等不同的原料合炼而成，工艺精湛，通体全无接缝如自然形成，其价值甚至超过了纯金佛像。

其中，最为神奇的还有一种名叫“古格银眼”的铜像，只有古格才能制作，更是被视为佛像中的精品，因为极少流传于世，所以尤为珍奇。长期以来，无人知晓其究竟为何物。

直到 1997 年夏季，国家考古队在皮央遗址杜康大殿的考古发掘中，出土了一件精美的铜像，才终于揭开了“古格银眼”之谜。这尊头戴化佛宝冠、4 臂各执法器、头生 3 眼的金黄色铜像银光闪闪，晶莹锃亮，这就是所谓“古格银眼”。

透过“古格银眼”，我们似乎看到了古格王国时期的金属制造业是何等的精湛。

第二节 东方庞贝——楼兰古城

在被称为死亡之海的塔克拉玛干沙漠深处，有一些在地图上无法标记的地点，那里远离现代绿洲，黄沙漫漫，人迹罕至。然而在两千多年前，却有星星点点的绿洲分布其间，沿着绿洲，建立了一个又一个小国，联结中国和西亚的古丝绸之路从这里通过。楼兰就是其中最负盛名的古国。

死亡之海中的古城

“黄沙百战穿金甲，不破楼兰终不还”，这是唐代边塞诗人王昌龄的著名诗句。楼兰在唐诗中多有提及，如李白“愿将腰下剑，直为斩楼兰”。其实，诗人们并没有去过楼兰，在唐以前，楼兰就已不复存在了。那么“破楼兰”“斩楼兰”的情结又从何而来呢？这还得从汉代边塞英雄赵破奴和傅介子的故事说起。

西汉初，在中国的北方生活着强大的游牧民族——匈奴。他们与西汉王朝反复争夺北方和西域的控制权。在张骞打开了通往西域的交通路线后，楼兰成为丝绸之路上重要的中转站，因而成为西汉王朝与匈奴争夺的目标。

西汉前期，匈奴一度控制着包括楼兰在内的西域地区。粗暴的匈奴骑兵不仅在西域各小国强征赋税，还随意抢掠金帛女子。各国迫于匈奴的淫威，敢怒而不敢言。有些小国觉得汉朝遥隔千里，鞭长莫及，便听命于匈奴，甚至成为它的帮凶。当时就发生了多起途经楼兰的汉使遭到抢劫的事件，楼兰道一时被视为畏途。由于楼兰国为虎作伥，汉朝经营西域的战略受到阻碍。汉武帝决定派骠侯赵破奴攻打楼兰和车师。赵破奴率领骑兵进入楼兰，一举俘获了楼兰王。楼兰王在大军压境的情况下，表示臣服于汉朝，并将一个儿子送到汉朝当人质。但此后，楼兰王为了不得罪匈奴，也将另一个儿子送到匈奴作为人质，这就是后来的楼兰王尝归。

尝归即位后，变本加厉地敌视汉朝，多位汉使遭其杀害。于是，汉昭帝决定派傅介子前去处理此事。傅介子到楼兰后，发现楼兰王对汉朝的态度反复无常，经常与匈奴串通一气。他便请求诛杀楼兰王，以树立汉朝在西域的威信。公元前 77 年，傅介子假装给楼兰王献宝，楼兰王大喜，设宴款待傅介子一行。傅介子乘机灌醉了楼兰王，叫两名侍从把他刺死，然后另立新王，并改楼兰国为鄯善。接着，汉朝又派军队在楼兰附近的伊循城屯垦戍边，汉朝最终控制了楼兰。

东汉时期，楼兰古道依然是丝绸之路上的交通枢纽。东汉丝绸南道的畅通，与班超的努力有很大关系。班超原来只是一名从事文字工作的政府职员，东汉明帝年间，他感于国事，决定投笔从戎，随窦固将军西征匈奴。由于才华出众、智勇双全，班超被窦固委任率一支 36 人的小分队沿昆仑山北麓西行招抚西域各国，打通西域南道。班超一行来到鄯善，不巧匈奴使节也来了，

鄯善王因此变得首鼠两端。班超便对随从的吏士说，匈奴人多势众，如果鄯善王把我们交给匈奴，我们就要葬身虎口了。不入虎穴，焉得虎子。只有先发制人，才能不辱使命。当晚，班超率吏士突袭了匈奴使者营地，将其全部消灭。鄯善王慑于班超的勇气，表示臣服汉朝。接着，班超又将于阗、疏勒等国一一安抚，使天山南部各国尽归于汉。76 年，东汉王朝内部动荡不安，汉章帝下诏令班超回朝，班超临行前，各国官吏和老百姓恋恋不舍，他们抱住班超的马足哭泣，苦苦挽留。班超深为感动，决定抗旨不遵，暂留西域，一直生活到 70 岁才返回长安。在此期间，班超带领西域各国人民抗击匈奴，征服了莎车和龟兹等国，西域各国进入一个繁荣的时期。汉章帝有感于班超的才干和赤诚，不仅没有追究他抗旨的过失，还任命他为西域都护，封定远侯。

楼兰，留下了众多历史人物建功立业的传奇。但自 6 世纪后，它在人们的记忆中仿佛定格了。唐代的诗人们只能根据汉代的记载来追忆这个神秘的国度，而楼兰国与楼兰人的去向已不为人知。直到 19 世纪，一股探险的热潮开始席卷中亚腹地，探险家的脚步终于使这个沉睡于沙海的古城苏醒过来。楼兰国的发现与斯文·赫定的名字联系在一起。这个来自瑞典的探险家为了寻找行踪不定的罗布泊，进入了沙漠深处。在一次探险中，他们丢失了唯一的一把水铲，维族向导艾克得尔只得原路寻找，水铲是找到了，不过在返回营地的路上，他遭遇了一场沙暴的袭击，他随风飘移，不知过了多久，仿佛是冥冥之中的定数，就像天方夜谭中的传说，艾克得尔从沙暴中醒来，发现自己不仅活着，而且置身于一座古城之中，耸立的泥塔、塔附近的残垣断壁上雕刻精美的木板、高大的房屋遗迹，使他头晕目眩，惊恐不已。他匆匆捡起几枚古币和两块雕花木板逃回了营地。见到艾克得尔带回的这些遗物，斯文·赫定兴奋极了，他认定这是一次非凡的发现。在第二年的考察中，他按照艾克得尔的指点，从古城里挖走了几百件魏晋时期的汉文木简残纸、大批汉唐古币、各类精美的丝织品和雕刻品，以及少量的佉卢文书。佉卢文书是出现于印度北部、后来流行于中亚的方言俗语，这种文字在 5 世纪后已成为一种无人使用也没有发展的“死文字”，通过释读佉卢文简牍上的“Kroraina”一词，语言学家终于认定这座古城正是丝绸之路上赫赫有名的古国楼兰。

公元前 79 年，维苏威火山爆发，有着七百多年历史的古城庞贝全部埋葬于火山灰下。1748 年，考古学家对庞贝城进行了发掘，这次发掘开启了欧洲近代考古的先声，使人们得以跨越两千多年的时光隧道，亲眼目睹公元前 1

楼兰古城遗址

世纪的城市生活。比庞贝城年代稍晚的楼兰古城，则因为种种原因，也在沙海中长眠了一千多年，楼兰古城的发现也同样震惊了世界，学者们称它为“东方的庞贝城”，丝毫没有夸张。

古老的西域都市

在楼兰，考古学家辨认出了四周夯筑的城墙，据此推算整个古城达十万余平方米。城墙的夯土层中夹杂着芦苇秆和红柳枝，这是典型的汉代筑城方式。楼兰城的南、北城墙各有一个缺口，应为城门遗迹。在缺口的两侧还发现两个突出的土台，可能是城门的附属建筑。楼兰城中最高的建筑物是位于城东部的红色佛塔，一座真正的土木建筑。塔身残留有精雕的花纹，塔的南侧还有供攀附的土坯阶梯。在塔的附近散落着木雕佛像、铜香炉等，暗示楼兰是古代中国受佛教影响较早的地区。

在佛塔的南面有一片大型建筑遗址，出土的汉文简牍证实，它正是西域长史的官邸，如今地面上还可看见错乱放置的粗大木料，由此可见建筑的规模。在西城墙内中部也有一处由多间房屋组成的建筑群。建筑群可分为前厅、中堂、厢房和后宅，有的房屋后面还带有小花园。遗址处的遗物俯拾皆是。房址内一般都出土汉文和怯卢文简牍、漆器、陶器和金属制品以及其他日常生活用品。楼兰城南，有三条干涸的古河床，成片的胡杨林守护城外。城内还有一条东西向穿城而过的石渠道，与城外的河道相连。

楼兰这个古老的西域都市，以敞开的城门，迎接着来自长安、贵霜帝国、安息、大宛、康居等地的使臣、商旅和僧人。人们在沙漠中艰难跋涉，终于抵达了这片绿洲，当楼兰城那高高的佛塔映入他们的眼帘，旅行者的心情会是何等的激动！他们走进带有高大门阙的城门，在栽满果树的林荫道上漫步，花果的芬芳扑面而来，和着胡乐悠扬的节拍，喝上一口甘洌的渠水，然后到陈列着汉朝织锦、大宛玻璃、安息香料和中亚玉石的市场，购买各式各样的货物。无论是方孔圆形的汉朝五铢钱还是贵霜帝国的金币，在这里都不会被拒绝。

那么当年居住在楼兰城的人是从哪里来的呢？1980 年，为探寻古楼兰之谜，一支考古队进入了罗布泊地区，在铁板河的河湾附近，考古队发现了一处楼兰人的墓地。其中最为著名的是被称为“楼兰美女”的干尸，她头发黄褐，面庞清秀，高鼻深目，薄唇微闭，浑身用羊皮包裹，在她的头旁还放着一个草编的提篓。有学者鉴定她具有古代雅利安人种的特征，是一具白种人尸体，距今已有 4000 年之遥。这些古老的罗布泊土著可能就是楼兰城居民的先祖吧。

图片授权

全景网

壹图网

中华图片库

林静文化摄影部

敬　启

本书图片的编选，参阅了一些网站和公共图库。由于联系上的困难，我们与部分入选图片的作者未能取得联系，谨致深深的歉意。敬请图片原作者见到本书后，及时与我们联系，以便我们按国家有关规定支付稿酬并赠送样书。

联系邮箱：932389463@ qq. com

参考书目

1. 王静．中古都城建城传说与政治文化［M］．北京：社会科学文献出版社，2012.
2. 田春涛．大古都［M］．北京：中国青年出版社，2012.
3. 王南．古都北京［M］．北京：清华大学出版社，2012.
4. 段智钧．古都南京［M］．北京：清华大学出版社，2012.
5. 张晓虹．古都与城市［M］．南京：江苏人民出版社，2011.
6. 李晓丹．两朝古都郑州［M］．吉林：吉林出版集团有限责任公司，2010.
7. 周俊英．七朝古都北京［M］．吉林：吉林出版集团有限责任公司，2010.
8. 金涛．七朝古都开封［M］．吉林：吉林出版集团有限责任公司，2010.
9. 宋海．八朝古都南京［M］．吉林：吉林出版集团有限责任公司，2010.
10. 于希贤，于洪．中国古都历史文化解读［M］．北京：中国三峡出版社，2009.
11. 中华文明史话编委会．七大古都史话［M］．北京：中国大百科全书出版社，2009.
12. 朱士光．中国古都学的研究历程［M］．北京：中国社会科学出版社，2008.
13. 阎崇年．中国古都：北京［M］．北京：北京科文图书业信息技术有限公司，2008.
14. 郑小英．寻梦古都北京［M］．北京：中国地图出版社，2007.
15. 李鸿安．寻根问祖游中原之：古都［M］．北京：中国林业出版社，2006.

中国传统风俗文化丛书

一、古代人物系列（9 本）
1. 中国古代乞丐
2. 中国古代道士
3. 中国古代名帝
4. 中国古代名将
5. 中国古代名相
6. 中国古代文人
7. 中国古代高僧
8. 中国古代太监
9. 中国古代侠士

二、古代民俗系列（8 本）
1. 中国古代民俗
2. 中国古代玩具
3. 中国古代服饰
4. 中国古代丧葬
5. 中国古代节日
6. 中国古代面具
7. 中国古代祭祀
8. 中国古代剪纸

三、古代收藏系列（16 本）
1. 中国古代金银器
2. 中国古代漆器
3. 中国古代藏书
4. 中国古代石雕
5. 中国古代雕刻
6. 中国古代书法
7. 中国古代木雕
8. 中国古代玉器
9. 中国古代青铜器
10. 中国古代瓷器
11. 中国古代钱币
12. 中国古代酒具
13. 中国古代家具
14. 中国古代陶器
15. 中国古代年画
16. 中国古代砖雕

四、古代建筑系列（12 本）
1. 中国古代建筑
2. 中国古代城墙
3. 中国古代陵墓
4. 中国古代砖瓦
5. 中国古代桥梁
6. 中国古塔
7. 中国古镇
8. 中国古代楼阁
9. 中国古都
10. 中国古代长城
11. 中国古代宫殿
12. 中国古代寺庙

五、古代科学技术系列（14 本）

1. 中国古代科技
2. 中国古代农业
3. 中国古代水利
4. 中国古代医学
5. 中国古代版画
6. 中国古代养殖
7. 中国古代船舶
8. 中国古代兵器
9. 中国古代纺织与印染
10. 中国古代农具
11. 中国古代园艺
12. 中国古代天文历法
13. 中国古代印刷
14. 中国古代地理

六、古代政治经济制度系列（13 本）

1. 中国古代经济
2. 中国古代科举
3. 中国古代邮驿
4. 中国古代赋税
5. 中国古代关隘
6. 中国古代交通
7. 中国古代商号
8. 中国古代官制
9. 中国古代航海
10. 中国古代贸易
11. 中国古代军队
12. 中国古代法律
13. 中国古代战争

七、古代文化系列（17 本）

1. 中国古代婚姻
2. 中国古代武术
3. 中国古代城市
4. 中国古代教育
5. 中国古代家训
6. 中国古代书院
7. 中国古代典籍
8. 中国古代石窟
9. 中国古代战场
10. 中国古代礼仪
11. 中国古村落
12. 中国古代体育
13. 中国古代姓氏
14. 中国古代文房四宝
15. 中国古代饮食
16. 中国古代娱乐
17. 中国古代兵书

八、古代艺术系列（11 本）

1. 中国古代艺术
2. 中国古代戏曲
3. 中国古代绘画
4. 中国古代音乐
5. 中国古代文学
6. 中国古代乐器
7. 中国古代刺绣
8. 中国古代碑刻
9. 中国古代舞蹈
10. 中国古代篆刻
11. 中国古代杂技